*Pelas*Minhas*Mãos*

Ana Moser
PelasMinhasMãos

EDITOR
Alexandre Dórea Ribeiro

EDITORA EXECUTIVA
Adriana Amback

COORDENAÇÃO EDITORIAL
Lúcia Telles

CAPA E PROJETO GRÁFICO
Martha Tadaieski

REVISÃO DE TEXTO
Plural Assessoria

PRODUÇÃO GRÁFICA
Estúdio DBA

PRÉ-IMPRESSÃO
Postscript

IMPRESSÃO
Gráfica Salesiana

Copyright © 2003 by Ana Moser

Os direitos desta edição pertencem à
DBA Dórea Books and Art
al. Franca, 1185 cj. 31/32
01422-001 São Paulo SP
tel.: (11) 3062 1643 fax: (11) 3088 3361
dba@dbaeditora.com.br
www.dbaeditora.com.br

Reservados todos os direitos desta obra.
Proibida toda e qualquer reprodução desta
edição por qualquer meio ou forma, seja ela
eletrônica ou mecânica, fotocópia, gravação
ou qualquer meio de reprodução, sem
permissão expressa do editor.

Ao meu pai e à minha mãe

Sumário

- 8   *Prefácio*
- 11 *Introdução*
- 17 *Antes de Barcelona*
- 29 *Em Barcelona*
- 38 *Caminho para o pódio*
- 58 *Esporte, família e educação*
- 65 *1995*
- 78 *Contusões, recuperações e trabalhos corporais*
- 91 *1996*
- 111 *A fama e o sucesso*
- 117 *1997*
- 123 *Os cinco mais...*
- 133 *1998*
- 145 *O técnico*
- 151 *1999*

Prefácio

Foi com grande prazer que aceitei o convite para escrever algumas linhas sobre este livro. Mais do que uma bela história, é uma obra repleta de emoções e experiências, relatos de uma guerreira que viveu as agruras das contusões e dos processos de recuperação e que lutou para convencer os muitos críticos e a si mesma do que era capaz, com seu potencial ilimitado. Conviveu com o êxtase do sucesso e do reconhecimento popular sem jamais ter perdido a simplicidade nem vencido a timidez e sem nunca ter esquecido os valores que realmente importam.

Em poucas horas, devorei o manuscrito, relembrando fatos e momentos que passamos juntos, as lágrimas de dor, de desespero e de comemoração, misturadas ao suor do treino e do sacrifício. É um livro que servirá de inspiração aos atletas, que sentirão aqui a importância de trabalhar verdadeiramente em equipe, com o altruísmo que fez as chamadas "forças da natureza" conspirarem a nosso favor. Eles poderão mergulhar no mundo da obstinação e da superação constante em que vivem todos aqueles que realmente almejam vitórias – entendidas não como a derrota de um adversário, ou a conquista de um troféu, mas como a elevação dos limites ao máximo de sua potencialidade.

Para nós, treinadores, o livro ajuda a entender até onde podemos ou devemos esticar a corda, ao exigir de nossos atletas, e como nos aproximar deles para tentar entendê-los e interpretar os sinais que nos transmitem.

Ana Moser nunca foi mera seguidora submissa. Sempre demonstrou personalidade forte, questionando de forma positiva e respeitosa a capacidade dos treinadores, o tipo de atitude que muito contribui para nosso crescimento.

Vi Ana Moser pela primeira vez quando era ainda muito nova, aos dezesseis anos, numa sala de musculação da antiga sede da Bradesco-Atlântica, no Rio. Uma jovem de pernas longas e finas e cabelos encaracolados e curtos, que já lutava para se recuperar da primeira cirurgia de joelho, após um acidente com a seleção infanto-juvenil. E, se a conheci como jovem promessa, me despedi muito depois como treinador, ela ainda lutando para superar as dores, mas já consagrada como uma das maiores atletas que o vôlei, ou melhor, o esporte – brasileiro já produziu.

Foi uma honra e um privilégio ter podido conviver e trabalhar com Ana Moser e todo aquele grupo de meninas talentosas que tanto ajudaram em minha formação.

À Aninha, meus agradecimentos como torcedor, técnico e amigo, pelas inúmeras lições e exemplos. Se muitas vezes a imprensa se refere a um período da seleção como "era Bernardinho", é apenas por conveniência abreviativa, pois o justo e correto seria "era Ana Moser, Fernanda Venturini, Márcia Fú, Ana Flávia...", as verdadeiras responsáveis pelo destaque de nosso vôlei feminino no Brasil e no mundo.

Bernardinho

Introdução

Acabao Mundial de Voleibol Feminino de 98! Antes desse campeonato, a seleção feminina de voleibol tinha conquistado bravamente o tricampeonato do Grand Prix Mundial. Por isso chegamos ao Japão, para disputar o Mundial, com o status de favoritos, mas saímos com uma colocação abaixo do que esperávamos. Em vez do título, terminamos sem medalhas, na quarta colocação. A formação do time era a seguinte: Fernanda Venturini, Leila, Ana Paula, Ana Flávia, Virna e Ana Moser. As reservas: Fofão, Janina, Karin Rodrigues, Raquel, Érika e Sandra (líbero).

Estou sentada no avião – rumando de volta ao Brasil – e as imagens vividas e sentidas nos últimos anos ficam passando pela minha cabeça como um filme. Pego o meu notebook e começo a escrever freneticamente até acabar a bateria. Continuo então escrevendo num caderno, esperando a primeira escala da viagem para poder recarregar o computador. Mais do que um simples registro, sinto uma necessidade de conversar comigo mesma a respeito de tudo o que vi, tudo o que passei nos anos que antecederam aquele momento. Me sinto como se tivesse que fechar um balanço de vida, sem o que não poderia dar mais um passo sequer.

Naquele instante, no coração, muita frustração, algumas lições assimiladas, outras a serem desvendadas com o tempo, mas uma certeza: foi o fim de um trabalho. Trabalho este que levou um grupo de jogadoras talentosas, corajosas e muito competitivas por um caminho curioso. Da quarta colocação que ocupávamos no ranking mundial antes da "era Bernardinho", saltamos para o pódio internacional, ocupando sempre as três primeiras colocações em todas as competições de 94 a 98, para voltarmos à mesma quarta colocação cinco anos depois.

À parte o misticismo da colocação, vivemos o céu e o inferno durante esse período. Com toda a certeza, o balanço é mais que positivo. Como grupo e como geração, alcançamos a tranqüilidade de ter cumprido uma trajetória vitoriosa e pioneira: provamos a força do voleibol feminino brasileiro e evoluímos o nosso padrão de jogo para um patamar de espetáculo. Pessoalmente, foi a realização de um sonho, não somente de medalhas, mas de conquistas. O orgulho de ter participado de uma trajetória que, pelo longo caminho de luta e superação, elevou o valor das mulheres e do esporte brasileiro. A alegria de ter convivido com todas as pessoas que fizeram parte do trabalho da seleção. Durante esses anos, com elas aprendi o valor do trabalho sério e dedicado e a força do trabalho em grupo. Tenho certeza de que todas elas se tornaram pessoas muito melhores do que antes de iniciar essa jornada.

Podem ter existido equipes mais fortes física e tecnicamente em alguns momentos, mas ninguém, durante esse tempo, jogou mais bonito que o Brasil! Mais do que bonito, jogamos com o coração. Na verdade, vocês verão, as vitórias nesses anos sempre foram fruto da alma e da força das pessoas que participaram dessa caminhada. Nas histórias que nos marcam profundamente, as personagens vivem seus scripts inteiramente. Não são feitos de imagem, são feitos de carne e osso, com suas qualidades e defeitos.

Agora, todos os caminhos nos levam a uma avaliação. Um ciclo se encerrou e a hora é de reflexão. A convivência num meio competitivo e mágico, como é o esporte, acaba potencializando as emoções. Tudo é muito intenso, muito efêmero, muito exigente, muito gratificante e frustrante ao mesmo tempo, como se fôssemos um exército em guerra. Dentro da quadra as pessoas se mostram como elas realmente são. A pressão é tamanha que não há como disfarçar as características mais marcantes da personalidade de cada um.

Quando terminamos uma etapa de vida a tendência é prevalecer um sentimento de fragilidade e vulnerabilidade. Estou com trinta anos, já participei de três mundiais e três olimpíadas. Tenho a consciência de que extraímos todo o potencial desse grupo e, se continuarmos a trabalhar juntos, não mais será da maneira como nós o fizemos até agora.

Logo que uma competição, ou temporada, termina, ganhando ou perdendo o atleta sente um vazio grande no peito. Antes, toda a atenção e energia de cada um estava canalizada para um objetivo próximo e palpável – o jogo, a disputa. Às vezes ficamos, depois dos jogos, andando de um lado para o outro, meio perdidos, não sabendo o que fazer com aquilo tudo que estava ali e agora não está mais. Naquele período de tempo que separa o final de uma trajetória e o início da próxima, aproveitamos um pouco de ilusão. Se tivermos vencido, acreditamos que fizemos tudo da maneira mais certa possível e somos os "donos do mundo". Se, ao contrário, fomos derrotados, saímos à cata dos porquês, dos culpados, ou de mais uma chance para tentar novamente. Depois de tudo, fica a ânsia de encontrar o sentido para tanto sacrifício e dedicação, se o brilho da vitória é ainda mais momentâneo do que o peso da derrota.

Com os olhos e o coração abertos, várias armas potentes se apresentam para nos ajudar nessa cruzada. Primeiro é a consciência de que, apesar das aparências sugerirem o contrário, não somos melhores nem piores que as pessoas "comuns". Não são as luzes dos spots que fazem de um ídolo um ser humano mais valioso do que qualquer outro. Nem são as derrotas que o fazem pior.

A segunda é que o mais importante é a humildade com que nos colocamos perante as encruzilhadas que a vida nos apresenta. Seja em questões familiares, seja em questões profissionais. Antes de atletas, campeões, ídolos, ou quaisquer outros rótulos, somos almas habitantes de corpos mortais que buscam crescimento e felicidade.

Oito meses antes de começar o Campeonato Mundial de 98, despertei para a idéia de escrever um livro. Foi do contato com a editora DBA e de algumas tentativas de chegarmos a uma fórmula de realizar essa proposta que cheguei a um compromisso comigo mesma, de deixar registradas algumas vivências que o esporte me proporcionou.

Apesar de já ter escrito alguns textos – principalmente para a imprensa – escrever um livro parecia um leão muito grande para ser abatido. Logo, a minha primeira atitude foi procurar um profissional no assunto para cumprir a função. Depois de algumas tentativas frustradas pela indisponibilidade de profissionais a quem eu tinha acesso, acabei chegando à conclusão de que eu mesma deveria tentar gerar esse filho. O título veio de presente de Mario Prata.

Não tinha a mínima experiência no assunto! Sofri muito em busca de uma metodologia que me facilitasse a missão. Não conseguia guardar tempo ou entrega necessários para produzir algum material. Masoquista que sou, culpei a preguiça e a falta de organização, uma amostra do meu lado negro. Depois, talvez mais compreensiva, me convenci de que faltava aportar no último porto dessa viagem. Com o fim da temporada de 98, tive a consciência de que tudo seria diferente dali para a frente. Mais do que isso, um sentimento de que um ciclo estava se encerrando me invadiu. Era mais forte do que a razão, uma certeza que não vinha da cabeça, mas sim do coração. Aprendi a respeitar muito as vozes que vêm do coração e simplesmente deixei que elas fluíssem em forma de palavras. Durante o tempo que seguiu àquele início, escrevi constantemente, tentando reservar algumas horas dos meus dias para construir este livro. Durante esse tempo, continuei jogando inclusive pela seleção brasileira, cumprindo a conhecida disciplina de treinos e jogos. Ajudei o Brasil a conseguir a sua classificação para as Olimpíadas de Sydney na Copa do Mundo do Japão em 99. Depois disso, encerrei a carreira de jogadora, terminei o livro e comecei uma nova vida, fora das quadras. Na verdade, quatro anos após ter escrito este livro me sinto diferente daquela jogadora. Ainda totalmente ligada ao esporte, só que de outras maneiras. Escrevi para jornais e internet por um tempo, trabalho como comentarista de TV e estou terminando a faculdade de Educação Física. Estou bastante envolvida em projetos esportivos e sociais nos quais o esporte é um caminho para a educação e inclusão social. Acredito muito nesse trabalho e no poder que o esporte tem de formar pessoas. E, por ironia do destino, quatro anos depois de parar de jogar estou de volta à seleção brasileira como assistente na comissão do técnico José Roberto Guimarães.

Para praticar, meu esporte hoje é o surf de longboard, que aprendi logo depois de deixar as quadras. Além disso, tem o Pilates, que me mantém saudável. Tornei-me instrutora e procuro passar, hoje principalmente para as meninas da seleção, minha crença no método e no caminho do controle e do equilíbrio. Não é discurso zen, é o controle do corpo e a otimização do esforço físico.

Neste livro, falo um pouco do que vivenciei nos quase vinte e cinco anos de esporte – quinze anos de voleibol profissional e dezesseis anos de seleções brasileiras – treze dos quais na seleção principal. Tudo o que conto aqui, todas as questões que discuto não são fruto de teorias, mas sim das minhas experiências práticas. É um livro de fala de esporte, é claro, mas também da construção de um trabalho, da busca de ideais de vida, de tentativas por vezes acertadas – outras nem tanto – de deixar nossos feitos marcados na lembrança de quem nos assistiu. Falo do processo, da aprendizagem, daquilo que vivemos longe dos olhos e dos ouvidos do público. Mais do que a história de um time, mais do que uma história de treinamentos estafantes, viagens intermináveis, check-in e check-out em hotéis, contusões, jogos simplesmente enlouquecedores, esta é a história de pessoas. Pessoas que talvez sejam, sim, mais capacitadas em alguns aspectos, mas no fundo, na essência, falíveis e belas como todos nós.

A chegada não é nada comparada ao caminho.
CHINGLIANG AL HWANG

Antes de *Barcelona*

Minha primeira *convocação* para a seleção adulta foi em 87. A seleção ainda era comandada por Jorge de Barros, que já havia trabalhado como assistente de Bebeto de Freitas – o técnico da geração de prata masculina das Olimpíadas de Los Angeles, 84. As Olimpíadas de Seul, em 1988, minha primeira competição olímpica, foi, de certa maneira, decepcionante. Ficamos em sexto lugar e, apesar de estar treinando entre as titulares até uma semana antes do início da competição, quase não joguei. Não acho que tinha condições, principalmente maturidade, para ser titular da seleção naquela época. Tinha dezenove anos e era difícil manter-me longe das distrações da adolescência. Depois de meses seguidos concentrada com o grupo, comecei a sentir falta de liberdade. Saía à noite, dormia pouco e não me alimentava direito. Nessa idade, o corpo até que continua respondendo bem a essas indisciplinas, mas a cabeça vai embora. Quando as Olimpíadas acabaram, eu caí na real e entrei em desespero. Achava que estava tudo errado e pensava até em parar de jogar. Naturalmente, isso não aconteceu...

Na temporada seguinte, a seleção mudou para o comando de Inaldo Manta. Eu tinha uma admiração e um respeito muito grande à pessoa e ao profissional. Nessa época, muitas de nós jogávamos pela Sadia, time dirigido por ele, que ficou marcado na história do nosso esporte pelas conquistas e pelo pioneirismo em várias frentes. Ida, Fernanda Venturini, a peruana Cecília Tait, Márcia Fú, Isabel, Ana Volponi, Cilene, eu, entre outras, fizemos parte desse grupo durante os três anos de patrocínio da empresa. Foi na Sadia, e pelas mãos do Inaldo, que Fernanda começou efetivamente a sua carreira de levantadora, já que era atacante até então. Ali nós estabelecemos alguns padrões de comportamento que carregamos por todas as nossas carreiras e que serviram de modelo para outras investidas. Foi naquela época que começamos a aprender como interagir com as empresas: promovendo a marca – ou os produtos – através da nossa imagem construída dentro e fora das quadras. Começamos a enxergar como poderíamos usar essa imagem em prol da empresa, do esporte e em nosso próprio favor. Aprendemos que, dentro dessa fórmula profissional que se instalava no esporte, teríamos grande responsabilidade em manter a engrenagem funcionando.

Nessa época tive a Isabel como modelo. Entre outras coisas, ela me dizia que nós tínhamos que ser meio atrizes dentro da quadra, ao assumirmos uma posição de ídolos de um esporte. Cada vez mais pessoas estariam prestando atenção no que fazíamos, como jogávamos, o que falávamos. Por isso, ela dizia que, na hora do jogo, sempre assumia uma postura de que estava tudo bem, que tudo estava sob controle. Jogando bem ou jogando mal, sempre mantinha a mesma atitude.

Inaldo assumiu a seleção em 89, ano em que fizemos algumas excursões, principalmente ao Japão, e que perdemos (pela última vez) o Campeonato Sul-Americano para o Peru. Foi naquele ano também que Isabel e Vera Mossa, musas inspiradoras da minha geração, se despediram da seleção.

Esse Sul-Americano foi disputado em Curitiba, cercado de grande expectativa pela imprensa e pela Confederação Brasileira de Voleibol – CBV. Nuzman, na época presidente da CBV, estava lá, acompanhando a final que perdemos para o Peru, e convidou algumas pessoas para jantar no seu hotel após o jogo. Não me lembro exatamente de quem estava nesse jantar, mas me lembro de uma conversa entre Nuzman e Inaldo da qual fui testemunha. Apesar da nossa derrota, Nuzman demonstrava apoiar tanto o Inaldo quanto a comissão técnica e não estava de todo insatisfeito com a nossa campanha naquela temporada. Acho que o Inaldo sentia isso, estava seguro da sua posição. A conversa corria solta, e num dado momento Inaldo falou que, se fosse para começar de novo, faria tudo da mesma maneira. Sem pestanejar, Nuzman interferiu: "Não! Você não fará tudo da mesma maneira". Essa postura dele me marcou, pois entendia que ele acreditava no potencial do trabalho do técnico da seleção e enxergava que poderíamos ser vencedoras num futuro próximo. Apesar de já termos nos aproximado mais dessa realidade, ainda tínhamos ajustes de curso a fazer, e disso ele não abriria mão.

A entrada do Inaldo mudou de cara o clima do time. Ele era sensível e trabalhava muito bem com mulheres. Procurava entender a nossa maneira de ser, em vez de de nos criticar. São poucos os técnicos homens que conseguem ter um bom nível de comunicação com um grupo de mulheres, e, para mim, ele foi um dos mais habilidosos nessa relação.

Mundial Juvenil, 1987

Ana Moser

Na temporada seguinte, viajamos o ano inteiro pela Europa, Ásia e Estados Unidos treinando e jogando muito, como preparação para o Mundial da China. Nós estávamos começando a estabelecer alguma evolução para uma equipe que tinha sido excelente como juvenil, mas que não tinha conquistado nada como seleção adulta. Nesse ano, no Goodwill Games, ficamos em terceiro lugar, vencemos a equipe do Peru pela primeira vez depois de amargar onze anos de derrotas, além de, também pela primeira vez, subir ao pódio num torneio intercontinental. Essa nossa vitória marcou o fim da hegemonia peruana sobre o Brasil. Elas, até então, eram a maior pedra no nosso sapato. Tinham uma geração de jogadoras maravilhosas tecnicamente – como Cecília Tait, Gabriela Perez, Rosa Garcia, Natalia Malaga... –, um sistema tático muito eficiente e tinham sido vice-campeãs olímpicas e mundiais. Para grande parte dos torneios internacionais era selecionado somente um time da América do Sul, e o Brasil acabava ficando sempre em segundo plano.

Em pé: Tina, Eliane, Ida, Denise, Silvana e Ana Moser. Agachadas: Fofão, Fernanda, Ana Flávia e Cilene. Seleção brasileira em Hong Kong, 1991.

PelasMinhasMãos

Ana Richa, Ana Moser e Inaldo Manta, 1989

No Mundial de 90 ficamos em sétimo lugar e, apesar de o resultado não ter sido tão bom, começamos a dar um grande salto qualitativo. Nesse campeonato eu fui eleita a melhor atacante. Era a capitã da equipe e entendia onde o Inaldo queria chegar.

Lembro um ano antes, logo a primeira convocação com ele no comando da seleção, era para um torneio relâmpago no Japão. Foi tudo muito rápido: a viagem, o torneio, as derrotas... Realmente não vimos a cor da bola. No vestiário, depois da última das três derrotas, todas por 3 a 0, tivemos uma reunião em que o Inaldo começou a cobrar desempenho em certos fundamentos, posicionamentos técnicos e táticos etc. Ele estava bravo com o resultado do torneio – ninguém gosta de perder – e estava sendo bastante incisivo nas suas críticas. Eu nunca fui muito fácil – ainda mais depois de perder um jogo – e me limitei a dizer: "Então vamos treinar. Não adianta ficar dizendo que eu não consigo bloquear fulana ou colocar a bola no chão ou recepcionar bem o saque. Eu não sei fazer isso e preciso que alguém me ensine".

Ele ficou quieto na hora e entendeu o que eu estava dizendo. Estávamos detectando as deficiências, mas de nada adiantaria só ficar apontando os erros. Tínhamos que corrigi-los, e aquela comissão técnica estava disposta a buscar as maneiras de fazê-lo.

Em outro episódio, pouco antes do Mundial de 90, foi a minha vez de baixar as orelhas e ouvi-los. O Inaldo e o preparador físico e assistente,

Ricardo Trade, o Bacalhau, já deveriam estar tão saturados com as minha mania de retrucar todas as instruções e argumentar isso ou aquilo, que eles me mandaram calar a boca em uma reunião com o grupo. Eu era a capitã, mas isso não teve a menor importância. Eles disseram: "E você, Aninha, vai ficar quieta. Não vai falar mais nada e só vai fazer o que a gente mandar!" Foi o que eu fiz. Até a minha adolescência, às vezes eu esgotava a paciência do meu pai com o meu jeito teimoso, questionando tudo. Quando ele chegava no limite dele, me mandava calar a boca, naquele tom de voz que eu bem sabia o que significava. Os dois, mesmo sem saber, acabaram usando uma tática bem conhecida para mim.

No final daquele Mundial, dei a minha camisa de jogo para o Inaldo, de presente. Nem sabia que aquele ia ser o último torneio que jogaria sob o seu comando.

Inaldo tinha alma de artista. Suicidou-se no dia 8 de março de 91, uma semana antes de entregar a convocação do grupo que iria começar a treinar para aquela temporada da seleção brasileira. Estava passando por problemas pessoais, o que o levou a uma depressão; tomava remédios para dormir (que pioravam o seu quadro depressivo...) e possuía uma arma. Numa sexta-feira em que estava só no seu apartamento, pegou a arma e atirou duas vezes. Seu corpo só foi achado no dia seguinte. Não sei exatamente o tamanho da sua angústia, mas sei que foi demais para ele. Sua morte foi traumatizante para muitas de nós. Eu sonhei com ele duas vezes depois disso: no primeiro e no segundo aniversário do óbito. A mensagem era boa, que estava tudo bem. Acho que até hoje ele manda alguns recadinhos do além ao pé do meu ouvido.

A lacuna na seleção brasileira foi preenchida pelo técnico das seleções infantil e juvenil, Wadson Lima. Esse foi um período muito delicado. Apesar da maneira traumática com que perdemos o Inaldo, além do bom relacionamento que tínhamos, todas nós recebemos a nova comissão de coração aberto para iniciarmos um novo trabalho. Mesmo as que eram mais chegadas ao Inaldo estavam ali, prontas para continuar na batalha.

Apesar disso tudo, os problemas de relacionamento entre jogadoras e comissão técnica iam pipocando aqui e ali. Foram dois anos de trabalho com essa comissão, longos períodos de concentração e treinos. A convivência em grupo era difícil, e algumas vitórias acabaram mascarando as falhas... Na minha visão era uma geração de ouro praticando um "voleibol burocrático", como que com o freio de mão puxado. Depois da saída do Inaldo, paramos de evoluir; mais do que isso, estávamos andando para trás. Tínhamos atacantes que eram versáteis, mas que jogavam de maneira simples e previsível; não conseguíamos desenvolver um sistema de recepção seguro, apesar de termos jogadoras tecnicamente capazes para isso; quando chegávamos à fase decisiva das competições, não tínhamos segurança e jogávamos com o moral baixo, enquanto todas as outras equipes cresciam nas decisões. Naquele período, vencemos todas as equipes inferiores à nossa, mas não conseguíamos quebrar a barreira que nos separava das melhores equipes do mundo. Trabalhávamos num clima de desconfiança e revanchismo que seca qualquer fonte produtiva.

Levando em consideração o nível das equipes top da época (Cuba, União Soviética, Estados Unidos e China), ainda éramos jogadoras em formação. O voleibol é um jogo decidido na soma de detalhes técnicos, táticos, físicos e tínhamos muito a aprender disso tudo. Acho que a coisa começou a realmente perder o rumo quando, de uma maneira ou de outra, fomos nos dando conta de que não poderíamos esperar muito daquele trabalho. Os treinos eram diferentes, o ritmo mais lento, nenhuma novidade tática era apresentada. Sabe aqueles filmes em que a gente fica esperando alguma coisa acontecer? Passa uma, duas horas, o filme acaba e nada acontece. Era mais ou menos essa a minha sensação durante os treinamentos. Nos jogos, caíamos nas mesmas armadilhas, cometíamos os mesmos erros, e as informações que vinham do banco não nos ajudavam a encontrar saídas.

Enquanto alguns times da Superliga na época – inclusive os dois finalistas da temporada 91/92 – Minas, do técnico Cebola, e São Caetano, de José Roberto Guimarães – já haviam evoluído no sistema de recepção, usando somente três jogadoras, a seleção continuava adotando o tradicional sistema em W, quando as cinco atacantes se ocupam de recepcionar o saque adversário. O sistema com três jogadoras dividindo a quadra toda é inspirado no voleibol masculino e exige mais técnica e melhor preparo das passadoras, mas as possibilidades na armação das jogadas de ataque aumentam sensivelmente.

Em 91, ratificamos o fim da era Peru, vencendo o Sul-Americano, em São Paulo, numa atuação impecável de toda a equipe. O ritmo do time já começava a ser ditado por três jogadoras: Fernanda, que se mostrava a cada dia mais genial e habilidosa, Márcia, que é todo um universo de emoções, inteligência, força que compõem essa jogadora fora de série, e eu. Naquele ponto, já éramos superiores às peruanas. Mais do que prova disso, demos show. Naquele Sul-Americano, vencemos a equipe do Peru por duas vezes: a primeira vitória, por 3 a 0, foi na fase classificatória, quando fomos quase perfeitas, o que causou muita empolgação no público e na imprensa. A segunda vitória foi na final, 3 a 1, quando perdemos um set muito mais pela nossa conhecida empolgação, por vezes exagerada, do que por algum sinal de recuperação por parte delas.

Fui escolhida a melhor atacante e melhor jogadora desse campeonato, e toda a vitória teve um sabor especial. Primeiro, porque o grupo não tinha confiança nem respaldo da comissão técnica. Sem a liderança e o comando do técnico, estávamos nos dispersando de qualquer objetivo, num clima de "salve-se quem puder", em que ninguém sabia quem seguir. Entre as meninas, a liderança era dividida entre as mais experientes – Fernanda, Ana Flávia, Márcia, Cilene, Ida e eu –, cada uma exercendo essa força da sua maneira. Uns dez dias antes do campeonato, depois de algumas conversas paralelas, fizemos uma reunião entre as jogadoras e estabelecemos algumas posturas. Para nós, a importância de vencer um sul-americano em casa estava clara. Mas, para isso, precisaríamos jogar com consistência, tínhamos que estabelecer uma grande conexão umas com as outras, coisa que vinha se deteriorando desde a mudança do técnico. Para vencer, não precisaríamos fazer muito mais do que sabíamos, mas sim criar um clima de trabalho melhor e um grupo fechado, sem interferências externas. Se fosse o caso, nem mesmo do próprio técnico.

Nesses momentos, quando nos juntávamos, olhávamos olho no olho, mesmo em silêncio assumíamos nossas fraquezas e erros, estabelecíamos metas para serem alcançadas em grupo e literalmente saíamos em busca disso... Esses momentos foram mais marcantes na minha carreira do que jogos, medalhas. Essas lutas que muitas vezes travamos contra nós mesmas, contra nossas limitações, são minhas maiores provas de vitória, de crescimento. Eu sempre me emocionei com cada uma dessas histórias privadas de superação em grupo.

Depois da final, fomos comemorar na festa de reinauguração de uma boate famosa na época, o Aeroanta. A casa estava lotada quando chegamos, e as pessoas paravam para nos parabenizar conforme íamos entrando no lugar. Senti-me uma noiva, depois do casamento, cumprimentando uma longa fila de convidados.

Sempre fomos, antes de qualquer coisa, muito competitivas. Essa virtude acabou compensando nessa e em outras situações. Lembro de ter tido uma conversa muito honesta com um representante da CBV, ainda no hotel, logo após a vitória. Expus toda a minha maneira de ver a respeito do trabalho daquela comissão técnica. Coloquei claramente para essa pessoa a minha crença de que nunca subiríamos mais no ranking mundial se não passássemos a trabalhar com mais competência e coragem de arriscar. Se a comissão técnica não acompanhasse o potencial do grupo de jogadoras que tinha à disposição, nunca passaríamos do quarto lugar.

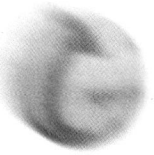

Em Barcelona

*Em*92,*depois* das Olimpíadas de Barcelona, a seleção masculina estava vivendo um momento mágico pela conquista do ouro olímpico, e a feminina amargava uma situação bem mais indefinida com a relação ao futuro. A nossa geração (Fernanda Venturini, Márcia Fú, Ana Flávia, Hilma, eu) já tinha assumido a continuidade no caminho aberto pela geração de Isabel, Vera Mossa e Jaqueline. Elas foram as primeiras a trazer popularidade ao voleibol feminino, pelo carisma e plasticidade com que jogavam. Da nossa geração, era esperado que déssemos alguns passos a mais na evolução do voleibol feminino. Já havíamos sido campeãs mundiais juvenis e a expectativa é que conquistássemos a mesma posição quando adultas.

Nessa época, sob o comando do técnico Wadson Lima, nossa auto-estima estava baixa; vivíamos um clima de desconfiança geral; gastávamos muito mais energia nos protegendo uns dos outros do que na melhora do nível do nosso jogo. Nas Olimpíadas de Barcelona, fomos uma equipe frágil, instável emocionalmente. Eu via nos olhos, nas reações das meninas, o quanto não ficávamos à vontade nessa posição de coadjuvantes, quando tínhamos potencial para ser as estrelas do esporte feminino brasileiro, quando tínhamos condições de figurar na elite do voleibol mundial.

A nossa equipe era nova – eu tinha 24, a Fernanda 21, a Márcia 22, a Ida 27 – mas quase todas as jogadoras já vinham jogando em competições internacionais desde bem cedo. Quatro anos depois de um sexto lugar nas Olimpíadas de Seul, estávamos à frente do pelotão intermediário do ranking mundial, num nível um pouco superior ao Japão, Coréia, Holanda, Alemanha e até mesmo à China, que teve péssimas atuações nessas Olimpíadas. Mesmo com alguma dificuldade, vencemos todas as equipes piores que a nossa, mas não tivemos chance quando enfrentamos equipes mais fortes. Chegamos à semifinal, contra a União Soviética, a maior favorita, que brigava pelo bicampeonato. Perdemos esses como também o jogo contra os Estados Unidos, acabando em quarto lugar. Estes dois últimos jogos, exatamente os mais importantes, foram péssimos. Cuba acabou vencendo as soviéticas na final, marcando o início da hegemonia de Myreia Luis, Magali Carvajal e cia. Mais tarde, as cubanas se tornariam tricampeãs olímpicas e mundiais.

Quando enfrentávamos equipes mais consistentes e mais bem armadas taticamente, nosso jogo era facilmente marcado. Quando o adversário sacava bem, direcionando a bola com precisão e força, uma após a outra, nossa recepção não se mostrava segura o suficiente, e éramos pegas numa armadilha. A bola não chegava boa nas mãos da levantadora, que tinha poucas condições de armar uma boa estratégia de ataque. Com poucas opções, o ataque acabava sendo feito pelas pontas, o que facilitava muito o bloqueio e a defesa do outro time. Já quando o saque era nosso, normalmente não demonstrávamos a mesma firmeza e regularidade, além de o bloqueio ter sido sempre o nosso pior fundamento. Não demorava muito para começarmos a perder toda a nossa segurança, o que fazia com que jogássemos de maneira cada vez mais simples, previsível e ineficiente. O segundo passo era perdermos a noção de coletividade e passarmos a tentar resolver o jogo individualmente, o que é quase impossível no voleibol moderno. Para o público, passávamos uma imagem de fraqueza, falta de coragem e de espírito coletivo.

No dia seguinte à final do torneio olímpico masculino, quando os meninos conquistaram o ouro, as duas equipes – a masculina e a feminina – foram convocadas para uma entrevista coletiva pelo patrocinador da Confederação Brasileira de Voleibol. Estavam lá representantes de todos os veículos de imprensa presentes em Barcelona.

O presidente da Confederação, na época, era Carlos Arthur Nuzman, conhecido por seu temperamento forte e pela maneira firme com que sempre dirigiu o voleibol brasileiro. Nunca foi muito de meias palavras, ou de meias ações, e estava realmente desapontado com a nossa performance naquelas Olimpíadas. Acho que ele via que nós poderíamos ir mais longe, e fez questão de deixar isso bem claro. Nessa coletiva, é claro que todos os repórteres queriam falar com o time masculino, e não existia razão que justificasse a nossa presença lá. A sala era pequena, os rapazes se alinharam numa espécie de palco, sentados em cadeiras de frente para os jornalistas colocados como uma platéia. Não havia espaço suficiente na platéia, e o time feminino teve que ficar de pé, atrás dos jornalistas, assistindo toda a coletiva. Depois, Nuzman nos reuniu numa sala, somente as jogadoras e a comissão técnica do feminino, e deu um dos seus famosos sermões.

Todos ali, de pé em círculo, cabeças baixas, ouvindo que éramos uma vergonha para o voleibol brasileiro, que éramos fracos e covardes. Não sei quanto aos outros, mas para mim aquilo era muita frustração. Estava indignada por acabar nessa situação, e a culpa era de todos nós, que deixamos que isso acontecesse.

As minhas grandes amigas naquela seleção eram a Cilene e a Tina, as duas de Brasília. Formávamos um trio engraçado, pelo menos nos divertíamos quando estávamos juntas fora dos treinamentos. Da Cilene, fui parceira em clubes e em seleções brasileiras de categorias menores desde 84. A Tina eu também conhecia há algum tempo, mas nos aproximamos mais por causa da seleção, a partir de 89. Nossa convivência era leve e desinteressada, éramos companheiras dentro e fora da quadra, o que se transformava num apoio para as três em meio ao clima confuso que a seleção vivia na época.

Abertura das Olimpíadas de Barcelona, 1992

Nós procurávamos manter o bom humor no dia-a-dia de concentrações e viagens, assim como nos esforçávamos para não perder o foco nos treinamentos. Organizávamos algumas sessões extras de treinos técnicos para compensar a nossa preparação, que era fraca. No início éramos somente nós três, mais a Fofão, levantadora reserva na época, e o auxiliar técnico, que chamávamos para nos ajudar. Queríamos melhorar e, três a quatro vezes por semana, em vez de ficarmos descansando no hotel entre as atividades da manhã e as da tarde, seguíamos para o ginásio. Aos poucos outras jogadoras começaram a nos acompanhar nesses treinos até que, em algumas oportunidades, mais de meio time se fazia presente.

Se isso foi positivo para o rendimento do time, não ajudou muito no nosso relacionamento com o Wadson, que via a nós três como uma ameaça a sua autoridade. No fundo ele achava que estávamos incitando as outras jogadoras contra ele. Pura insegurança! Durante os três anos em que comandou a seleção feminina, ocorreram situações em que ele usou algumas jogadoras – ou membros da comissão técnica – como informantes, buscando em fatos de bastidores ferramentas para manter o seu poder sobre o grupo.

Por causa dessas atitudes, eu tive um problema sério com a Hilma. Ela estava chegando à seleção adulta naquela época, tendo na bagagem o vice-campeonato mundial juvenil. Era, como eu, atacante de ponta, e disputávamos a posição de titular. Mais do que isso, ela estava despontando como uma das melhores atacantes do Brasil. Alguns comentários aqui e ali criaram uma grande desconfiança entre nós, e somente depois de anos conseguimos sentar, conversar francamente sobre aquilo tudo e colocar todos os pontos no "is". Não poderia ser diferente, pois, mesmo não sendo amigas íntimas, fomos boas companheiras na seleção por sete anos.

O ano de 93 foi um período de grandes choques para mim, em todos os níveis. A situação dentro da seleção me fazia muito mal. A exigência dos torneios internacionais era muito maior do que aquilo que era treinado e planejado. Eu sentia uma frustração muito grande por ver uma geração talentosa como a nossa deixar o trem passar daquela maneira. Nas Olimpíadas de 92, chegamos até a semifinal, mas não tivemos chances contra União Soviética, Estados Unidos e Cuba. Algo tinha que mudar, ou seríamos aquelas meninas bonitinhas, que jogavam bem mas não sabiam como vencer.

Como eu já havia esgotado todas as tentativas de diálogo, ficar seria injusto comigo e improdutivo para o grupo. Tentei um acordo com a CBV: participaria do torneio que, ao meu ver, era o mais importante da temporada de 93, o primeiro Grand Prix Mundial – aquele de que o Brasil hoje tem o título de tricampeão – e ficaria de fora do Sul-Americano que viria em seguida. Eles não concordaram com a proposta – queriam que eu participasse de toda a temporada, ou nada. Pedi dispensa, então.

Não sou de "muita" briga, só um pouquinho. Houve algum tumulto quando eu anunciei a minha dispensa e, naturalmente, a imprensa e o público me questionavam os motivos – e as razões são simples como devem ser as coisas. Na minha opinião, um dos fatores básicos que constroem uma relação produtiva é o quanto de coração você está dedicando ao processo. A honestidade com que você se dedica ao trabalho ou ao relacionamento é, de certa maneira, a maior obrigação.

Ana com os campeões olímpicos Giovane, Carlão e Tande, Barcelona, 1992

Em todos os setores em que as tarefas dependem de uma ação em grupo, o segredo é a união das forças das partes. Num grupo, uns têm mais para somar ao resultado final, outros têm menos. Mas não é essa a matemática que prevalece. A engrenagem funciona bem quando cada parte participa com o seu máximo (corpo e alma), dando tudo o que tem para dar. Não importa quanto: os que têm mais a somar, têm a responsabilidade de cumprir o seu papel dentro de uma exigência que podem suportar. Os que tem mênos, têm a responsabilidade de cumprir o que está dentro das suas aptidões, nem uma gota a menos. Aí você tira o máximo que um grupo pode dar. As partes somadas valem mais do que as individualidades colocadas lado a lado.

Por não ter, dentro desse conceito de honestidade, condições de participar da seleção como ela se encontrava, decidi sair. Uma coisa que nunca consegui fazer foi esconder o meu descontentamento com alguma situação. Eu dou muito na cara quando não gosto de algo. Pra dizer bem a verdade, não faço a mínima questão de disfarçar.

Procurei tratar a minha saída da seleção da forma mais política possível. Não ataquei ninguém pessoalmente – e tinha lá os meus motivos para fazê-lo... – mas sim o trabalho, que a meu ver não levaria a lugar nenhum. Eu estava com 24 anos na época e não conseguia me conformar com a perda de tempo a que aquela geração estava se submetendo. Nós éramos bicampeãs mundiais juvenis, e do jeito que estava indo – jogadoras fora de série, mas fracas fisicamente, jogando um voleibol simples, fácil de ser marcado e pouco eficiente – nunca teríamos saído da beira do pódio.

Foi um período turbulento: outras três meninas pediram dispensa meses depois; fui acusada, através da imprensa, por jogadoras, pelo técnico e pelo próprio Nuzman de estar incitando esse "motim" na seleção. Meu relacionamento com o presidente Nuzman sempre foi de muito respeito mútuo. Mas teve aquele incidente, que eu até hoje não tirei a limpo, da coluna que ele escreveu para a *Folha de S.Paulo*, me criticando abertamente. Pelo que pareceu, ele estava sendo, de certa maneira, pressionado pela imprensa a explicar por que eu não concordava com o trabalho da seleção.

Fora da seleção, eu estava envolvida na criação da equipe do Leite Moça, que deixava o basquete para investir no voleibol. Participei de tudo desde o início. Não foi a primeira nem a última vez que eu me envolvi a fundo no processo de formação de uma equipe. Além do mais, fico mais tranqüila quando tenho segurança de quais são os princípios da empresa e do projeto. Nem sempre acerto, às vezes compramos gato por lebre. Mas pior do que errar é não tentar buscar um caminho novo. O prazer de estar mergulhada de cabeça numa nova investida ajudou a superar o clima pesado que envolveu a minha relação com a seleção brasileira.

No final daquele ano de 1993, depois dos fracos resultados da seleção, dos pedidos de dispensa de várias jogadoras e de todos os problemas internos, finalmente a CBV tomou uma atitude. Dispensou Wadson Lima – que apesar de tudo continuou trabalhando com as seleções de categorias menores – e convidou Bernardo Rezende para comandar a seleção. Começa a "era Bernardinho".

Caminho para o pódio

Bernardinho chegou da melhor maneira possível. Naquele momento, era a pessoa certa para o lugar certo. Vinha da Itália, onde tinha tido bons resultados em clubes femininos e masculinos. Desde as Olimpíadas de Seul afastado do Brasil, não estava envolvido com os últimos acontecimentos do cenário feminino. Não tinha restrições, nem pré-conceitos, e tratava igualmente todas as jogadoras, dentro de uma orientação muito simples: trabalho. O compromisso que assumimos naquele dezembro de 93 – um mês antes de vencermos o primeiro torneio de uma longa série de conquistas – foi de crescimento.

Numa primeira reunião geral, fazendo uma análise franca, constatamos que tínhamos muito a crescer se quiséssemos alcançar o nível de Cuba, Rússia, China e Estados Unidos, as equipes top da época. Nessa reunião, Bernardo preparou um questionário com perguntas diretas a respeito das nossas expectativas dentro da seleção brasileira, de quais eram as deficiências individuais e coletivas e em que teríamos que evoluir para superá-las. Ele não queria impor nenhum tipo de trabalho ou conduta ao grupo. O que ele queria era despertar em nós a consciência das nossas limitações, ao mesmo tempo que incentivava o envolvimento de todos na busca de soluções. De um lado, ele estava nos oferecendo a linha de que precisávamos. Nós, do outro lado, sabíamos que era esse o caminho que teríamos de tomar para alcançar os objetivos individuais e coletivos que alimentávamos desde o primeiro campeonato mundial juvenil que conquistamos juntas.

A ênfase, desde o início, se voltou para dois aspectos básicos: o crescimento físico e técnico de todo o grupo. Disso dependia toda a estratégia. É difícil alcançar a força, a explosão e a altura de cubanas e russas. A saída para o vôlei feminino brasileiro é incrementar ao máximo físico e técnica para suportar um modelo tático ousado. Éramos versáteis no ataque, razoáveis nos outros fundamentos e com um potencial físico a ser trabalhado.

Desde esse primeiro torneio, em janeiro de 94, em Brno, Alemanha, a marca do voleibol-show começou a aparecer. Adotamos uma estratégia de jogo parecida com o time masculino medalha de prata nas Olimpíadas de Los Angeles, em 84, e que foram os responsáveis pelo primeiro *boom* do voleibol no Brasil. Era o time de William, Bernard, Renan, Xandó, Montanaro e do próprio Bernardinho. Na verdade, as semelhanças da nossa história com a daquela seleção vão muito além disso, como veremos adiante.

Éramos um grupo com uma certa experiência: a Fernanda cada vez melhor, a Márcia com muita personalidade, Ana Flávia sempre eficiente no bloqueio e passe, Ana Paula que vinha crescendo muito em técnica. As titulares de ponta eram a Hilma e eu, mas a Virna acabava sendo titular também. Em várias oportunidades ela substituía uma de nós por contusão ou por mérito próprio.

Na verdade, esse status de titular era muito relativo. Seja por problemas médicos de uma ou outra, seja por opções táticas, ou mesmo pela maneira como o Bernardo exigia empenho igualmente, estávamos todas no mesmo barco. O ritmo era puxado e era comum acontecer algumas contusões nesse período de adaptação a essa nova maneira de trabalhar. A boa notícia é que fomos aprendendo muito com esses episódios, conhecendo os limites dos nossos corpos, a força do grupo e, com o tempo, minimizando as conseqüências negativas pela maior autonomia dos fisioterapeutas no trabalho e treinamentos menos agressivos. Para que pudéssemos crescer como equipe, tínhamos que empurrar os nossos limites individuais para cima. Poder encontrar apoio uma nas outras para almejar vôos mais altos. Deixar o orgulho e a vaidade de lado, buscar com humildade o limiar real, não o presumido.

Eu falo sinceramente quando afirmo que todos nós, membros daquela seleção, cumpríamos o nosso papel na batalha diária. Essa unanimidade criou uma cumplicidade entre nós. O sentimento é diferente de criar amigos ou colegas. É mais um sentimento de respeito pelo valor da pessoa por trás do profissional. Um certo amor fraterno, uma certa admiração e inspiração. Convivíamos diariamente durante meses seguidos, acompanhando de perto as dificuldades e o esforço uns dos outros, por vezes nos emocionando com a dor, por vezes vibrando com as vitórias.

O sistema de jogo adotado, como eu já disse, era moderno. Existe essa tendência do estilo de jogo feminino de acompanhar, sempre com algum tempo de atraso, o estilo do masculino, com somente três ou duas jogadoras preocupadas com a recepção do saque, e assim tornar possível uma estratégia ofensiva com pelo menos três atacantes versáteis, às vezes quatro, revezando-se nas jogadas durante todo o tempo. Dentre outros avanços táticos, o Brasil foi a primeira equipe feminina no cenário mundial a usar o ataque do fundo – aquele em que o atacante salta antes da linha de três metros – como parte da estratégia de ataque.

Buscávamos um salto grande de qualidade que nos aproximasse das equipes que comandavam o cenário mundial. Tínhamos que trabalhar muito forte física e tecnicamente, ao mesmo tempo que sabíamos que só evoluiríamos o sistema de jogo testando-o em competições. Procuramos fazer o maior número possível de jogos. A nossa rotina nesse ano de 94 foi: muitos treinos, várias excursões com muitos jogos e... mais treinos.

Foi uma época de muito sacrifício pessoal para todos nós. Vida de atleta não é fácil! Como, aos olhos do público, vivemos cercados de *flashes*, brilho, atenção, conhecemos o mundo jogando, às vezes fica difícil dimensionar a selva que é. Estamos falando de esporte amador. O tempo e dedicação que demanda a sua prática num nível alto muitas vezes é sinônimo de insegurança financeira, carreiras truncadas, atletas valorosos sem o mesmo sucesso pessoal depois da fama, muitas vezes por falta de preparo, de estudo. De toda uma diversidade de histórias de esportistas que existem por aí, apesar das particularidades, uma característica é comum – o gosto pelo desafio. A competição com o oponente e consigo mesmo. É isso que nos move, que nos faz ver as dificuldades, o cansaço físico e mental, a pressão por resultados, como instrumentos para a superação.

Realmente podemos nos tornar muito maiores do que supomos se encararmos as dificuldades como desafios. Por isso que o esporte é fascinante! A busca do "melhor possível", saber onde fica esse "possível". Usar a sua inteligência e a sua alma para achar a melhor estratégia de crescimento e entregar-se a ela. Conhecer o seu corpo, o seu funcionamento e as suas necessidades. Fazê-lo mais eficiente, digna morada da sua mente e espírito.

Naquela primeira reunião geral que tivemos na nossa primeira apresentação, no final de 93, assumimos o desafio de buscar sempre chegar à final de cada torneio de que participássemos. Era essa a nossa ambição, ao mesmo tempo que o Bernardo adotava uma filosofia de trabalho muito simples: valorizar mais o processo do que o objetivo final. Nós alcançaríamos o nosso objetivo se cumpríssemos a nossa missão todos os dias. Tínhamos um caminho longo a percorrer, mas iríamos fazê-lo um passo após o outro: cada execução de fundamento, cada sessão de musculação, cada treinamento, cada ponto de cada jogo... toda a atenção em cada etapa do processo. Isso estava presente nos treinos de recepção de saque, por exemplo, ou quando exercitávamos exaustivamente as combinações de ataque, ou mesmo no treinamento físico, na pista de atletismo, procurando correr mais rápido e melhor volta após volta, dia após dia. Esse nível de exigência era uma pressão a mais, mas nos acostumamos a uma sensação boa de "dever cumprido" que nos revigorava todas as noites para enfrentar o próximo dia de trabalho.

O primeiro torneio importante que vencemos foi a BCV Cup, em Montreux. Era início de temporada, mas estavam lá todas as principais equipes: Cuba, China, Rússia, Estados Unidos. Corríamos contra o tempo, procurando crescer a cada dia. Viajamos muito naquele ano, tanto que, nos primeiros três meses de trabalho, alternávamos vinte dias de treinamento no Rio de Janeiro com vinte dias em excursões pela Europa e Ásia. A repetição dos fundamentos buscando a perfeição dos movimentos, o ganho físico e o sincronismo do modelo tático viraram obstinação.

É realmente muito difícil suportar meses de trabalho numa conduta de buscar o limite a cada dia. Quando me perguntam, a exemplo das longas recuperações de cirurgias a que me submeti, como manter a disciplina e cumprir a rotina, eu não sei muito como responder. Primeiro, um objetivo claro e forte, vontade de alcançá-lo. Mas acho que a força do grupo tem um papel fundamental para manter o moral alto. Nos apoiamos umas nas outras e, a cada obstáculo superado, alimentamos o respeito pelos indivíduos e pela capacidade profissional. Essa química é como um "pozinho pirlimpimpim"! Onde ele se instala, cria mágica. Muitas vezes, mesmo sentindo contusões, vi meninas jogando "no sacrifício" por não conseguirem ficar de fora de jogos difíceis. Vinha uma sensação de estar deixando os outros na mão quando, por algum problema físico, não estávamos ali juntas, dentro da quadra. Às vezes nos arriscávamos demais e esses sacrifícios acabavam agravando contusões.

Em agosto, veio o primeiro título no Grand Prix, versão feminina da Liga Mundial masculina, uma espécie de circuito asiático patrocinado por empresas locais. Além de oferecer bons prêmios em dinheiro – inclusive prêmios individuais – era a última e mais importante etapa antes do Mundial em São Paulo, dois meses depois.

Nessa questão dos prêmios individuais, vale uma análise mais destacada. O montante total que recebemos como campeãs da etapa final do Grand Prix, o Final Four, somado aos títulos dos torneios classificatórios, já era uma boa grana. Quando alguém ainda tinha destaque em um ou outro fundamento, acabava dobrando o total. É claro que estamos falando de voleibol, que, apesar de estar bem acima da média salarial dos trabalhadores brasileiros, nada tem a ver com a estratosfera ocupada pelo futebol. Os prêmios individuais giravam em torno de 10 mil dólares, enquanto o prêmio coletivo, dividido, não chegava a 20 mil dólares. Mesmo assim, era uma boa grana!

O Bernardinho, principalmente no início, tinha uma preocupação muito grande com o controle das vaidades do grupo. Márcia, Fernanda, Virna, Hilma, Ida, eu... nós sempre nos caracterizamos por formar um conjunto muito competitivo, de muita personalidade. Ao mesmo tempo, vez por outra, soava Aquela Pergunta: "Quem é a melhor?"

Lembro que antes do início do Grand Prix de 94 Bernardo colocou numa reunião a sua opinião de como lidar com essa situação. Era a primeira vez que ganharíamos dinheiro pela escolha da melhor em cada fundamento do voleibol e de melhor jogadora. Pela vivência que teve quando fez parte da equipe masculina prata em Los Angeles (84), ele via com certa preocupação o clima que poderia se criar. O voto dele era por somar todos os prêmios recebidos pelo grupo (inclusive os prêmios individuais...) e dividir igualmente. Foi voto vencido.

O técnico Bernardinho e o supervisor da seleção Marcos Pena, 1993

Essa posição pode ser radical, mas tinha um belo fundamento ideológico. Jogávamos num sistema de jogo solidário que só teria sucesso se todas as peças estivessem muito bem articuladas. A época em que o jogo era centralizado em uma ou duas jogadoras era passado. O único meio de encurtar a distância que nos separava de equipes como Cuba ou China era tendo um conjunto forte no qual os destaques individuais seriam eventuais. Tínhamos que ter a humildade para enxergar que sozinhas não chegaríamos a lugar nenhum. Estávamos tendo mais assédio da mídia, contratos publicitários, notoriedade... Como fazer o grupo driblar essas armadilhas e se manter firme numa conduta solidária? Acho que essa é uma questão que sempre me intrigou muito.

Para mim, essa noção de coletividade é um fator importante em qualquer atividade ou relacionamento. Se falarmos em esporte coletivo, torna-se determinante. No voleibol, o sucesso de um depende diretamente do sucesso dos outros jogadores em quadra. Ninguém ataca sozinho, precisa da preparação de pelo menos dois jogadores; quase nunca um jogador faz uma defesa espetacular sozinho, ele é guiado pela marcação do bloqueio e pelo posicionamento dos outros defensores. A interdependência entre os jogadores na quadra é muito forte, ao mesmo tempo que a unidade da equipe é frágil: depende do "se ajudar" e é quebrada pelo "querer brilhar". Nesses cinco anos, tivemos a oportunidade de vivenciar inúmeras demonstrações dos dois lados da moeda: quase todas as nossas vitórias foram fruto de muita união; algumas derrotas, preço pago pelo individualismo.

É muito difícil encontrar a medida exata de emoções, de racionalismo, de egoísmo e altruísmo, do "saber se impor" ou agir com humildade, a receita ideal para levar um grupo à vitória. Só o conceito de "vitória" já é bem discutível. Será que só é vitorioso aquele que conquista medalhas ou as primeiras colocações? Na minha opinião, vitorioso é aquele que alcançou uma evolução, que buscou superar os seus limites e conseguiu, que se deu de corpo e alma ao trabalho e conheceu o seu melhor. Medalhas são documentos, mas vitórias você pode conquistar todos os dias.

Muitas vezes, e por isso somos um grupo vitorioso, conseguimos achar a melhor fórmula de equilibrar as nossas características. Seja por causa das condições de trabalho, que eram duras, seja pelas exigências dos torneios, do momento que passávamos, das contusões de duas ou mais jogadoras, que faziam com que as outras jogadoras se superassem para compensar os desfalques. Sempre que encontrávamos as piores condições era quando tínhamos um comportamento exemplar, no que diz respeito às nossas vaidades e fraquezas de espírito. Alguns exemplos dessa superação foram marcantes para nós, como também para os torcedores, que aprenderam a reconhecer a força de vontade do vôlei feminino brasileiro.

Por outro lado, tenho em minha mente a imagem de alguns momentos em que tropeçamos em nosso próprio ego. Quando, individualmente, quisemos brilhar mais, colocar no chão aquela bola decisiva para aparecer nos clipes que a TV montaria comemorando a conquista, esta simplesmente nos era roubada na última hora. Quando focávamos nas glórias, fama, dinheiro etc. que teríamos ganhando campeonatos, o castigo vinha a galope. Formamos um grupo maravilhoso, de mulheres com muita garra e geniais em vários momentos! Exatamente nos momentos em que não buscávamos ser nada disso, mas sim quando procurávamos ser mulheres solidárias matando juntas o nosso leão de todo dia.

No Grand Prix de 94, chegamos à etapa final, o Final Four, depois de uma boa campanha nos três torneios classificatórios. A forma de disputa dessa final era um contra todos (*round robin*), e quem somasse os melhores resultados levaria o título geral. Nosso primeiro jogo foi contra Cuba, a equipe mais forte da competição. Foi um jogo maravilhoso que vencemos por 3 a 2. Devo ter atacado mais de setenta bolas, a maior parte delas saltando e batendo com toda a minha força. Quanto mais ataques eu colocava no chão, mais a Fernanda levantava para mim. Fiz uma das melhores partidas da minha vida nesse dia, principalmente no ataque, mas me desgastei muito fisicamente. No dia seguinte vencemos a China, mas eu não acabei o jogo na quadra. Lembro de ter sofrido muito por não ter conseguido a mesma performance do dia anterior. Na época eu já começava a sentir problemas nos joelhos que exigiam demais da minha condição atlética. Nesse jogo contra a China, foi a musculatura das pernas que não correspondeu, prejudicado o meu rendimento, até que acabei substituída.

Eu dividia o quarto com a Ida, e foi ela quem me ajudou a organizar a confusão que se arma na cabeça da gente quando passamos por alguma frustração. Como eu disse, esse torneio dava prêmios em dinheiro para os destaques individuais, e é claro que eu almejava o meu troféu. Fiz uma partida memorável contra Cuba, mas não joguei da mesma forma contra China e Japão (terceiro e último jogo da final). Estava lutando muito para superar os problemas físicos e me achava digna dessa conquista. Quanta ilusão! Fomos campeãs, mas não ganhei nenhum prêmio. E a Ida veio com esta solução: "Aninha, se você não tivesse jogado tão bem como jogou contra Cuba, não adiantaria nada nós termos vencido os outros dois jogos (nos quais eu não joguei tão bem...). Não teríamos terminado em primeiro!".

Alguns acontecimentos, como nesse Grand Prix, por vezes me dão a sensação de estar sendo testada. Pode ser "viagem" da minha parte, mas parecem "pegadinhas" que a vida me apresenta para medir a minha capacidade de entrega e desprendimento. Pois todas as vezes que eu coloquei uma expectativa maior no reconhecimento individual do que na conquista do grupo, eu acabei não ganhando nada, às vezes jogava mal e perdíamos até mesmo a competição. Em várias outras oportunidades essa escrita se repetiu.

Voltando ao torneio... Foi a nossa primeira grande conquista. Como já disse, é um campeonato longo e desgastante, e nessa edição de 94 tivemos grande participação de todo o grupo. A equipe base era a de sempre: Fernanda, Márcia, Ana Flávia, Ana Paula, Hilma e eu. Como sempre, a Virna jogou vários jogos substituindo ora a Hilma, ora eu, por causa de uma ou outra contusão. Nessa época o problema nos meus joelhos já estava se agravando, o que me tirou de algumas partidas. Ainda iria sofrer muito até achar a fórmula de treinamento que me manteve em atividade até o final de 99.

A Fernanda esteve brilhante nesse campeonato, assim como a Márcia. Na verdade, todas tiveram grandes atuações e vivemos a inocência de uma grande conquista. Isso aumentou o prestígio do voleibol feminino. A imprensa e o público, entre incrédulos e eufóricos, nos apoiaram na nossa volta. Estávamos criando uma ligação muito forte com eles, que começaram a ver no grupo da seleção uma cara muito diferente do que estavam acostumados historicamente. Foi um ano importante para as mulheres esportistas brasileiras – além das conquistas do vôlei, o basquete foi campeão mundial naquele ano. Estávamos substituindo uma imagem de frágeis, manhosas, pouco profissionais, difíceis de trabalhar... por uma imagem mais justa: esforçadas, unidas, lutadoras, competentes e profissionais. Colocávamos o coração naquilo que fazíamos e jogávamos bonito, proporcionando o espetáculo.

Cerca de um mês depois, foi a vez do Mundial que se realizou em Belo Horizonte e São Paulo. Muito também por estarmos jogando em casa, conseguimos uma incrível mobilização do público. Não era mais somente eu, ou a Fernanda, ou o próprio Bernardinho o único atrativo do evento: as pessoas estavam acompanhando e torcendo pelo vôlei feminino brasileiro. Só isso já era uma grande vitória.

Estabelecemos o recorde mundial de público na fase preliminar disputada no ginásio do Mineirinho, Belo Horizonte – 26 mil pessoas. Só não tivemos um maior número nas finais no Ibirapuera, São Paulo, porque o ginásio tinha capacidade menor. Foi uma grande festa! Me lembro de não ter conseguido segurar as lágrimas durante a execução do hino brasileiro antes da partida de estréia. Era grande a nossa responsabilidade naquela ocasião: estávamos começando a ter bons resultados internacionais e, em casa, precisávamos confirmar esse status.

Vínhamos vencendo sistematicamente a maioria das equipes (Japão, Coréia, Alemanha, Estados Unidos, China, Rússia...) e, quando o adver-

Ana, Virna, Ana Paula e Gisele,
Grand Prix, 1994

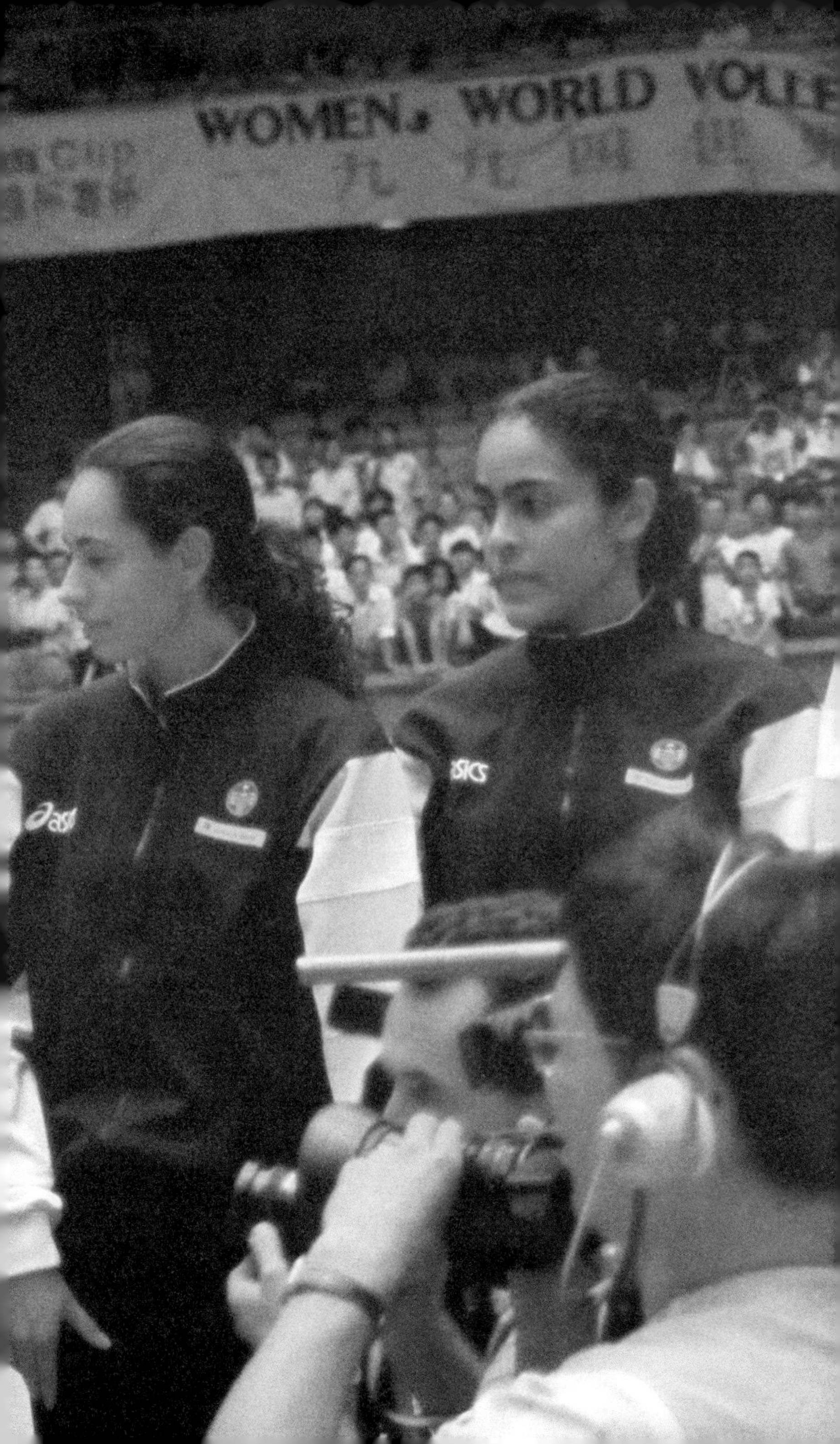
WOMEN, WORLD

sário era Cuba, era arriscado apontar um favorito. A nossa equipe sempre foi muito "operária" em quadra. Nós tínhamos a consciência de que, para alcançar as vitórias, era preciso jogar sempre a 100%. Se nós não forçássemos o nosso ritmo ao máximo, sempre, nos tornávamos uma equipe mediana sujeita a derrotas maiúsculas. E assim nos comportamos desde o primeiro jogo daquele campeonato.

Seguimos vencendo todos os jogos, até nos classificarmos em primeiro na nossa chave. Cruzamos com Rússia na semifinal, num sábado, no ginásio do Ibirapuera superlotado. Esse foi o jogo mais emocionante da minha carreira e, talvez, o que me deixa melhores lembranças. A equipe da Rússia era fortíssima; os destaques eram as atacantes de extrema, que simplesmente destruíam o nosso bloqueio. Quando elas estavam inspiradas, era muito difícil pará-las. Foi o que aconteceu naquele dia. Começamos o jogo melhor, vencendo o primeiro set. Pouco a pouco, elas foram crescendo na partida. Venceram o segundo e o terceiro sets, calando o ginásio. Nós também ficamos como que paralisadas em quadra, meio assustadas com o que elas estavam jogando e com o silêncio da torcida.

O técnico russo, Nicolai Karpol, já estava dirigindo o time com um sorriso no rosto; as jogadoras mais experientes – que nos conheciam de vários outros carnavais – estavam com aquele olhar de czar que acaba de conquistar mais um território. Venciam o quarto set por 5 a 0 – naquela época, os sets eram de quinze pontos – com total controle da situação. No tempo técnico, o Bernardinho fez algumas mudanças táticas para tentar reverter o quadro, principalmente na marcação do nosso bloqueio. Como as duas atacantes de ponta russas estavam levando vantagem sobre nosso sistema defensivo, nós praticamente abandonamos as outras jogadoras, colocando até três bloqueadoras para tentar pará-las. Mas o sentimento que estava mais forte naquela hora era medo. Estávamos disputando o Mundial em casa e não podíamos deixar que elas nos impedissem de chegar à final. Todas estavam pensando a mesma coisa e aos poucos fomos colocando aquilo para fora: temos que virar esse jogo, não podemos deixar essa derrota acontecer!

Voltamos para a quadra e começamos a mudar a nossa maneira de jogar. Trocamos algumas vantagens com elas, não deixando-as pontuar. Isso acendeu uma pequena chama dentro de nós, como também no público. Eu olhava em direção à quadra adversária e, através das russas, via as pessoas sentadas na arquibancada. Quando fizemos o primeiro ponto do quarto set, vi duas pessoas levantando e gritando, quase suplicando palavras de estímulo para nós. No segundo ponto que fizemos, eu vi umas outras dez pessoas que se juntaram àquelas duas primeiras. No terceiro ponto, mais umas vinte, trinta. Logo o ginásio todo era uma só voz, um só coração. E assim eu vivi a maior sinergia entre protagonistas e público da minha carreira.

Ajudadas pela torcida, vencemos o quarto set, levando a decisão da semifinal para o tie break. O placar final foi 15 a 13 e o Ibirapuera quase veio abaixo. A Isabel, grande ícone do nosso esporte, estava comentando os jogos em uma emissora de TV. Ela sempre foi um grande símbolo para mim. Quando joguei ao lado dela na Sadia, aprendi o significado e a carga de ser estrela e como a atitude que se tem, tanto na quadra como na vida, é importante para o sucesso. Ao falar com ela, ao vivo depois do jogo, pude sentir a sua emoção por ver o voleibol feminino chegar àquele patamar, posição conquistada com muito amor e luta. O mesmo sentimento, acredito eu, de todos os que assistiram ao jogo, no ginásio ou em casa.

Depois do jogo, voltamos ao hotel para, menos de 24 horas depois, estarmos de volta à quadra para disputar a final. O adversário era Cuba, que depois da derrota sofrida no Grand Prix já começava a mudar a maneira de se comportar contra nós. Apesar de ser um povo que merece todo o nosso respeito pela qualidade técnica que alcançou em áreas como saúde, educação e esporte, não sou nem um pouco simpática à maneira agressiva – algumas vezes até grosseira – com que eles se comportam em quadra. Mas isso é um outro assunto...

O jogo foi muito rápido! De tão fácil, quase indolor. Perdemos por 3 a 0 numa partida arrasadora de toda a equipe cubana, principalmente Magali Carvajal, Regla Torres e Mireya Luis. Foi uma grande demonstração de força e, porque não, de raiva. Elas realmente vieram para arrebentar com o time do Brasil! Essa equipe de Cuba que conquistou as Olimpíadas de Barcelona, Atlanta e Sydney, além dos Mundiais do Brasil e do Japão, é muito peculiar. As cubanas têm uma grande superioridade física sobre os outros países e abusam dessa vantagem. Contra equipes mais fracas – principalmente as asiáticas, por serem mais baixas – elas se dão o luxo de "andar" em quadra. O esforço que elas precisam fazer para suplantar a grande maioria das seleções é pequeno. Nos últimos anos, eu só as tenho visto jogando sério contra Rússia e Brasil.

Agora, você imagine: para ter uma noção da superioridade física é só olhar para os números. O alcance de ataque da cubana Mireya é 3,35 m. O maior alcance de bloqueio entre as coreanas é 3,14 m, mas a média gira em torno de 2,90 m. As chinesas bloqueiam entre 2,90 e 3,10 m de altura, e as holandesas, por volta de 3,00 m. Nós, brasileiras, temos marcas parecidas, também por volta dos 3,00 m. Isso quer dizer que a cubana ataca a bola até 40 cm acima do bloqueio. É por isso que a Mireya gritava para nós toda vez que afundava uma bola na nossa quadra, nas Olimpíadas de Atlanta: "Sarta, chica!!"

As primeiras cinco bolas da final foram bloqueios fenomenais. Parecia que elas queriam agarrar, em vez da bola, as nossas cabeças, quando íamos atacar. Quanto a nós, desgastadas pela seqüência de jogos difíceis que enfrentamos a caminho da final, pouco pudemos fazer. Não faltou espírito, determinação, nem foi erro na estratégia tática.

Depois de ver a festa das cubanas em quadra, era a hora de receber as medalhas, ouvir o hino do país campeão e ver subirem as bandeiras dos três primeiros colocados. É uma cerimônia muito bonita, que sempre me

Brasil e China,
Campeonato Mundial,
ginásio do Mineirinho,
Belo Horizonte, 1994

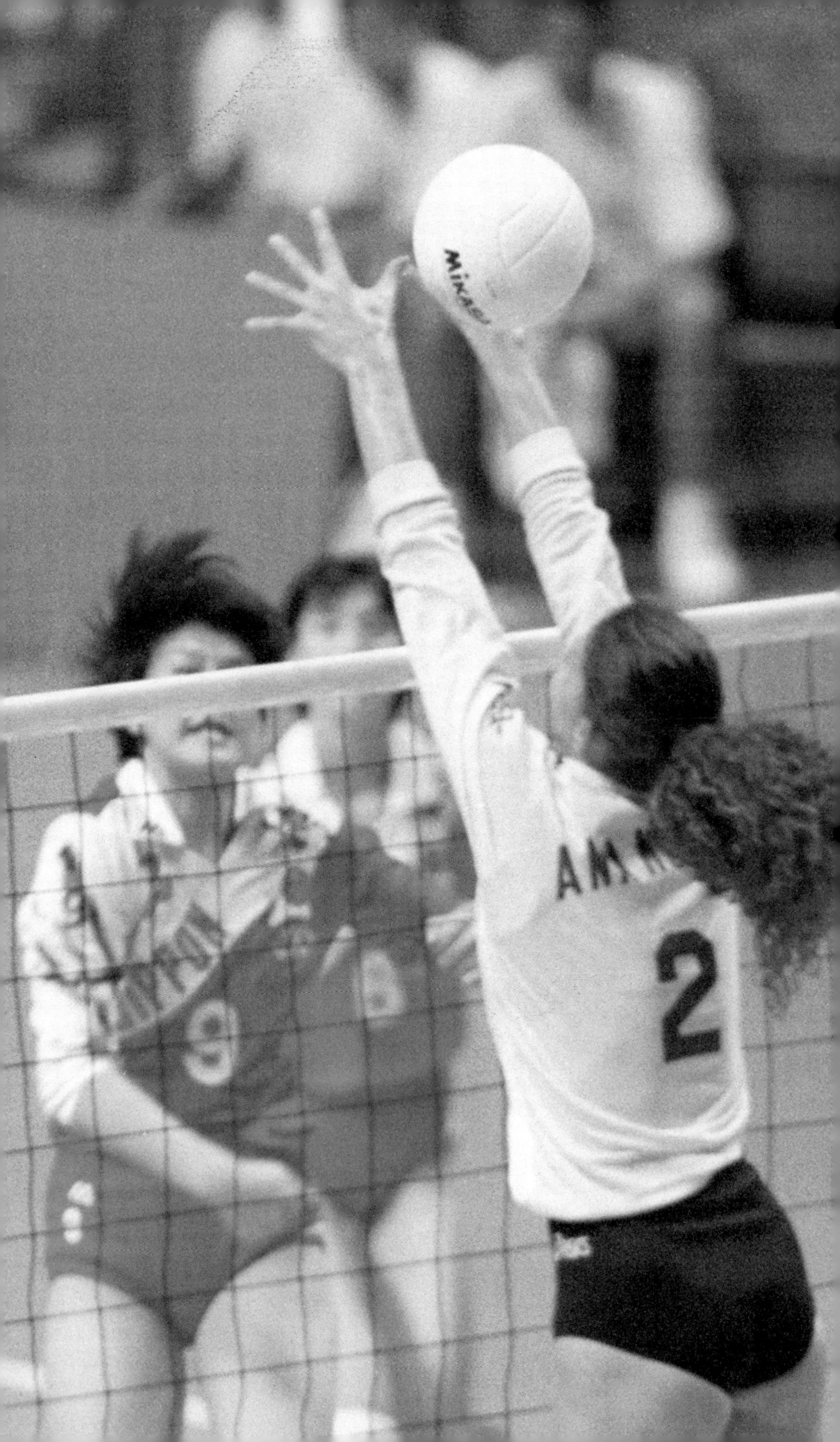
Mikasa
2
9

Na página ao lado e acima, Brasil e Japão, Grand Prix, 1994

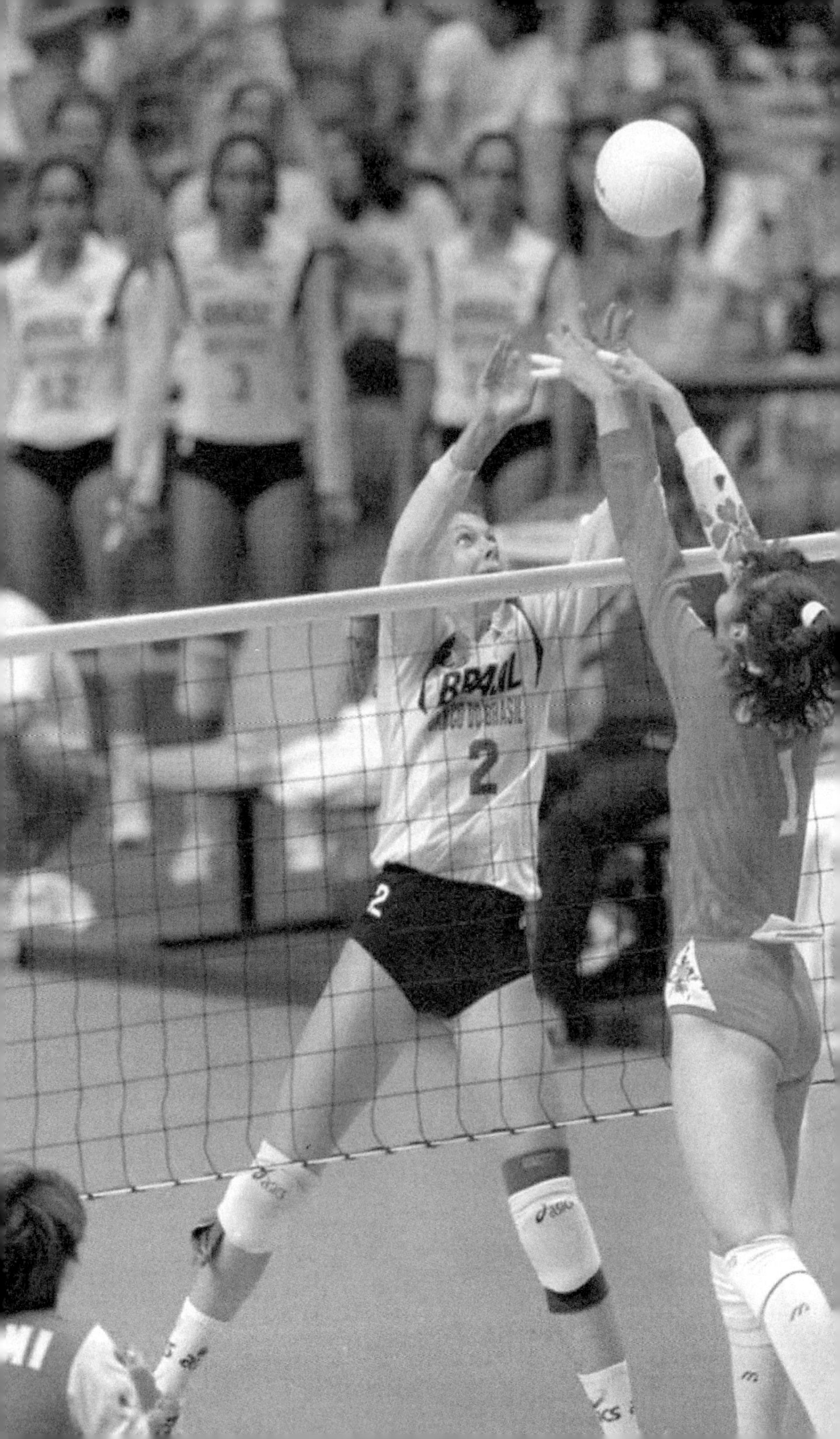
BRASIL
2
2

emociona. Sempre foi muito duro, para mim, ficar de fora desse cerimonial, como vivenciei com a seleção brasileira por várias vezes antes de 94 e que, ironicamente, acabou se repetindo quatro anos depois no Mundial do Japão, em 98. Em Barcelona, quando a seleção masculina ganhou o ouro olímpico, na hora da premiação de todas as modalidades tocava uma certa música. Era daquelas músicas marcantes que ficam ecoando dentro do ouvido. Nós terminamos em quarto lugar, não subimos no pódio, e eu não conseguia ouvir a tal música que começava a chorar. Tinha a sensação de que eu ou o grupo não éramos dignos de tal conquista. Muitas atitudes tinham que ser revistas, muito trabalho tinha que ser feito, precisávamos achar o nosso rumo.

Voltando ao Ibirapuera... Todas já no pódio, foram entregues primeiramente as medalhas para a equipe de Cuba. O ginásio se manteve praticamente lotado, mesmo tendo de esperar por cerca de meia hora depois do término da partida. Quando nos anunciaram como segundas colocadas, o ginásio aplaudiu de pé. Durante a entrega de medalhas, as pessoas começaram a cantar em coro: "Pode ganhar, pode perder, sou brasileiro até morrer!" Depois do hasteamento das bandeiras e da execução do hino de Cuba, o público cantou, sem música, o hino brasileiro. Foi um momento mágico, inesquecível, um presente de Deus. Me fez ter certeza do verdadeiro sentido da palavra VITÓRIA. Fiquei feliz por ter visto as pessoas entenderem e se emocionarem com a nossa luta. Tínhamos passado o nosso recado! Em menos de um ano, deixamos para trás a incômoda quarta posição, para ter um lugar no pódio. Uma conquista que vinha pra ficar.

Esporte, família *e educação*

De uma maneira geral, o conceito que temos de esporte no Brasil está muito mais ligado a tudo aquilo a que assistimos na TV. Quando pensamos em esporte, a imagem mais forte é do esporte de alto nível, competições nacionais e internacionais. Ao contrário de outros países, não valorizamos o esporte na formação dos indivíduos, não fazemos dele parte do nosso dia-a-dia, como ir à escola, por exemplo. Na verdade, o esporte na sua essência passa muito mais perto da educação do que das câmeras de TV.

Um preparador físico e amigo, Ricardo Trade, mais conhecido como Bacalhau, sempre comentava, sobre as vantagens na formação esportiva de um indivíduo, o fato de ter sido "moleque" na infância. Tanto para meninos quanto meninas. As brincadeiras de rua comuns nas cidades do interior ou em qualquer quintal de qualquer cidade, jogar bola com os amigos na hora do recreio, andar de bicicleta, skate, patins, sei lá...

Eu fiz tudo isso, além de ter começado cedo e em vários esportes. Velejava no verão, jogava futebol com meu irmão, fazia tudo o que era de brincadeira de rua... Mais seriamente, o voleibol e o atletismo. Fazendo uma análise mais global da formação psicomotora da pessoa, pode-se afirmar que, quanto mais estímulos motores na infância e adolescência, melhores as condições básicas que a pessoa terá para se desenvolver num esporte específico. É o exemplo americano, o da cortina de ferro em seus tempos, de valorização do esporte como parte importante na formação do indivíduo, a começar da iniciação esportiva nas escolas. O Brasil está a anos-luz de distância de uma condição parecida. A maneira como o esporte é visto no país ainda tem muito a evoluir...

De uma maneira torta, acidental, ou não, eu acabei tendo quando jovem todas as ferramentas para a formação de uma atleta mais completa em termos físicos. Tenho o biotipo privilegiado, muita fome de bola – o que é uma característica primordial e ao mesmo tempo inexplicável, pois é incrível como a COMPETIÇÃO mexe com as pessoas. Não com todas, é claro, mas grande parte tem uma espécie de "chama-piloto", que acende um fogaréu quando se está desde correndo atrás de uma bola até acelerando um kart num racha, ou jogando cartas com os amigos. Aquela vontade de ser o melhor, o esforço físico, a estratégia, o envolvimento com os parceiros são como drogas que nos fazem sempre querer mais.

Desde cedo – doze anos – eu tive uma carga de atividade muito alta. Nessa época eu estudava pela manhã e treinava atletismo no colégio da uma e meia às três; depois treinava atletismo no clube, das quatro às seis; e vôlei no clube, das seis e meia às nove da noite. Acho que isso tudo me deu uma grande base física – o meu jogo sempre foi caracterizado pela força de salto e ataque.

Ana com um ano de idade no colo da irmã, Isabel

Comecei no vôlei aos sete anos, juntamente com a minha irmã, que tinha nove. Não acredito que tivesse condição de fazer uma escolha consciente naquela época. Gostava de esporte. Meu tio, Romeu Jaehrig, jogava vôlei e basquete, e sempre íamos ao ginásio assistir aos jogos – meus pais para torcer, eu para bagunçar com a meninada. Comecei a jogar praticamente ao mesmo tempo em que entrei para a escola, por iniciativa dos meus pais, incentivados pelo meu tio e pelo técnico da cidade, Walmor Buss, amigo da família.

Lembro da minha mãe levando minha irmã – Isabel Cristina – e eu para a escolinha e esperando na arquibancada até o treino acabar. Matava tempo bordando ou tricotando, coisas de mãe. A presença dela era um apoio muito importante para nós, que adorávamos aqueles momentos de diversão e convívio. Muito diferente do que sentíamos com relação às aulas de violão, que uma época inventamos de tentar tocar. Até aprendemos alguma coisa, mas não gostávamos e fazíamos grande torcida, todas as tardes em que teríamos aula, para que acontecesse algum imprevisto, ou que o professor faltasse.

Essa característica sempre me acompanhou: eu faço as coisas por prazer. Praticar esporte, competir, buscar o meu melhor, sempre me deu prazer. Estudar e aprender na escola também. Viajar com o time de Blumenau, de Kombi, pelo interior de Santa Catarina, nos hospedando em alojamentos, comendo mais ou menos, só para jogar um campeonato ou se testar contra um time bom, saber se nesse jogo eu vou conseguir jogar melhor do que no anterior, essas coisas sempre me deram prazer. Eu nunca consigo explicar direito o porquê de eu ter voltado a minha vida inteira para o esporte. Nunca planejei nada disso! Me deixei levar por aquilo que me fazia feliz e para o qual tinha talento, as oportunidades foram aparecendo, eu fui evoluindo e seguindo os passos que eram necessários.

Na verdade, tive sorte por ter uma família que me apresentou as oportunidades para descobrir as minhas potencialidades. E uma das minhas maiores alegrias é ter podido recompensar o esforço deles e deixá-los orgulhosos com minhas vitórias. No episódio das Olimpíadas de Atlanta, quando machuquei o joelho, meu pai, o Seu Acari, sofreu muito e dizia, em lágrimas, que tudo iria dar certo e que eu subiria ao pódio na final.

Meus pais gostavam muito de assistir não só aos nossos jogos, mas vôlei em geral. Meu pai, depois que minha irmã e eu mudamos para São Paulo, perdeu muito em opções, mas não se apertava. Qualquer jogo era jogo! Até campeonatos estaduais infanto-juvenis – categoria de menores, até dezesseis anos – ele não perdia. Uma vez eu assisti a um jogo ao lado deles. A minha irmã estava jogando e eu não lembro muito bem por que eu não estava também. Devia estar machucada, provavelmente. Sentei no meio dos dois e fiquei assustada. O meu pai tremia as mãos como se esti-

Jogos da Primavera em
Blumenau (SC), 1981

Transbrasil, primeiro time profissional, 1985

vesse com frio. Minha mãe suava nas mãos. Parecia que iam ter um ataque. E olha que nem era um jogo muito importante. Fico imaginando o que eles devem ter passado nas várias decisões de que participei.

O apoio dos dois foi sempre muito importante. Lembro uma vez, num torneio estudantil em que estava disputando várias modalidades pelo meu colégio, devia ter uns treze anos. Era um dia de provas de atletismo e chovia muito. Eu tinha ido disputar as classificatórias pela manhã e deu tempo para dar uma passada em casa para almoçar. Era setembro, ainda estava frio e meu agasalho, assim como a roupa que eu tinha embaixo, estavam molhados. Como era uniforme e eu não tinha outro, enquanto eu almoçava, minha mãe lavou a roupa e secou no forno para mais provas e mais chuva pela tarde. Aquelas coisas que só as mães conseguem fazer pela gente.

Apesar de todo o envolvimento com a minha carreira, os dois nunca gostaram de aparecer. Preferiam ser discretos, evitavam dar entrevistas e posar de pais corujas. Minha mãe, de ascendência alemã, e meu pai, com bisavós italianos, sempre tiveram os pés no chão.

*Pelas*Minhas*Mãos*

Devido a todas as condições que tive na minha educação, sempre entendi o esporte como uma ferramenta muito importante na formação de uma pessoa, de um cidadão. As pessoas deveriam, por direito, ter acesso ao esporte na escola. Sem distinção de região geográfica, nem da classe social, toda criança deveria ter a oportunidade de viver e aprender o que é o ESPORTE. Não importa se a vivência durar pouco tempo, ou se a pessoa não tiver muito jeito para a coisa. Mesmo que nunca se ganhe uma só medalha e só restarem lembranças, estas serão doces. Memórias e experiências que carregaremos para sempre.

Natal em família
(Ana está de óculos), 1973

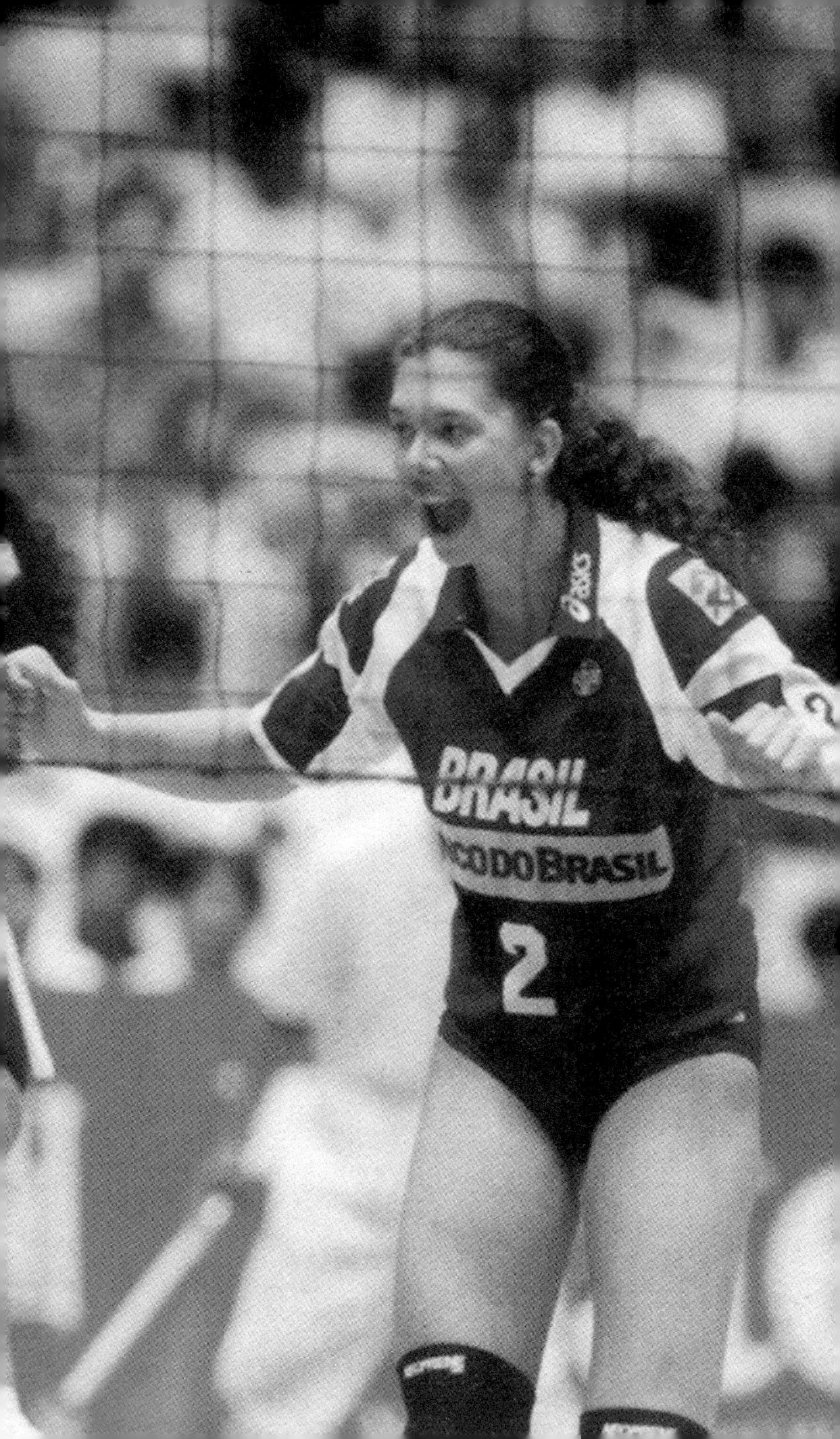
BRASIL
2

1995

O ano de 95 foi muito duro, cheios de surpresas do início ao fim. Em janeiro começou a batalha para colocar o meu joelho esquerdo em condições de suportar os treinamentos e jogos. O processo de desgaste na cartilagem do joelho (artrose) tinha se acelerado no último ano e eu sentia cada vez mais dores, além do tanto que ele inchava depois de cada treino ou jogo. Para jogar a fase final da Superliga 94/95 tomava analgésicos fortíssimos que me davam náuseas. No princípio sentia os enjôos duas horas depois de acabar o jogo. Nos últimos jogos, já começava a ficar tonta no terceiro ou quarto set. Em março fiz a cirurgia para liberar o movimento da rótula do joelho machucado. Foi uma recuperação difícil que me tomou quase todo o ano. Procurava a maneira ideal de trabalhar para poder, além de me reabilitar da operação, me colocar em forma e buscar o mesmo rendimento que tinha antes da cirurgia. Minha rotina de treinamentos solitários em salas de musculação, piscinas, sessões de RPG* etc. estava começando. Mais do que isso, enfrentava a incerteza de ser bem-sucedida ou não nessa jornada.

Tinha o apoio diário do Jorge Santos, fisioterapeuta da seleção. Trabalhávamos muito bem juntos, colocando atenção em cada movimento que executava. Ele costumava dizer que eu era igual a um carro de Fórmula 1 que estava sendo acertado para uma corrida, enquanto ele era a

---
* Reeducação postural global.

equipe de mecânicos e técnicos. Nos treinos, eu me testava e fazia um relatório do que estava evoluindo ou do que ainda não conseguia cumprir em termos de força, mecânica dos movimentos e limite de dor. Ele usava esses dados para que os próximos treinamentos fossem ao encontro de minhas necessidades. Tínhamos uma sintonia perfeita: eu só pensava em ficar recuperada, concentrava todas as minhas energias e ações nessa direção. Já o Santos é o profissional mais competente e dedicado que eu conheço. Além disso, uma pessoa muito boa e sensível. Ele foi o meu maior apoio, principalmente na chatice do dia-a-dia de um tratamento desses. Com a sua maneira de ser e trabalhar – realista, objetivo, sabia quando e quanto exigir de cada pessoa – conseguiu tirar o melhor de mim.

Apesar dessa mão amiga, encontrei muitas dificuldades nessa época. Alguns médicos já falavam que o meu caso não seria resolvido assim facilmente e que eu poderia não voltar a jogar. Não escondia de ninguém: os meus joelhos eram bem problemáticos, não suportava uma carga de treinamento grande e precisava de um certo "tratamento especial" (ou pelo menos um pouco de compreensão...). Pela gravidade da minha contusão e pela exigência que o voleibol de alto nível impõe aos atletas, o mais esperado era que, se eu conseguisse me recuperar, não voltaria a alcançar o mesmo rendimento de antes. Na verdade não havia muitas experiências como a minha para servirem de modelo e tínhamos que criar um protocolo específico para mim. Apesar de todas as dúvidas, por mais de quatro anos continuei jogando todas as competições do início ao fim. Algumas vezes as pessoas subestimam a capacidade dos outros, ou superestimam a sua. Quando a situação está difícil é que existe superação, basta buscar os meios, ter força de vontade, persistência e pensamento positivo. Eu sou a prova de que essa fórmula dá certo.

Acho que o mais importante é a maneira como você se coloca diante do problema. A primeira atitude é assumir a posição de "querer vencer isso tudo". Olhar para a situação e enxergá-la como um instrumento de crescimento pessoal e profissional. O ser humano precisa ser desafiado para evoluir. Historicamente, as grandes crises, revoluções, todas as grandes "mexidas" no cenário foram panos de fundo de grandes mudanças e novos conceitos. Assim é também na nossa vida. Somos testados a todo o momento – nossas habilidades, honestidade, dedicação, firmeza de princípios, nossa fé... – pelo arquiteto do Universo. Para mim, as dificuldades que passei por causa dos meus joelhos não foram pura coincidência ou simplesmente fruto do tipo de atividade que faço. Logo os joelhos, que são fundamentais para a prática da minha profissão. Dentro da minha verdade, essas limitações estão aí para serem superadas, apesar de poderem ter sido evitadas se eu tivesse conhecido antes as técnicas de treinamento que passei a adotar depois que os meus problemas começaram.

Apesar de ainda estar contratada pela Nestlé na época e a seleção estar reunida em treinamentos no Rio, eu seguia a recuperação em São Paulo, buscando os meios que me auxiliassem. Fazia um pouco de tudo: a conhecida RPG, medicina ortomolecular, homeopatia, trabalho físico e muscular em aparelhos hoje bem difundidos como o Cybex e constantes avaliações. Quando me juntei à seleção uns dois meses depois da cirurgia, ainda não estava em condições de suportar muita carga nos treinamentos e tinha que evoluir para acompanhar o nível de exigência. Eu sentia muita dor e ela me impedia de acompanhar a força nas pernas que eu já vinha conquistando. O meu joelho inchava muito, o que dificultava uma seqüência nos treinos. Aos poucos fui criando um método equilibrado de preparação no qual eu tivesse um volume de trabalho ideal para evoluir, ao mesmo tempo que poupava o joelho. No início éramos somente o Santos e eu. Aos poucos, as jogadoras e a comissão técnica acabaram compreendendo a situação e passaram a me apoiar. O Bernardinho foi fundamental nesse processo. Além de ser o cabeça do grupo, ele acreditava em mim e se colocou à disposição para ajudar no programa de recuperação.

Mas não foi fácil chegar a esse ponto. A comissão técnica era formada por dois médicos, um fisioterapeuta, um preparador físico e dois técnicos, que planejavam e executavam as atividades de todas as jogadoras. Mas eu trabalhava, praticamente, só com o fisioterapeuta, que estava em constante contato com o Dr. Camanho, o qual não fazia parte da comissão técnica. Era inevitável que houvesse desconfiança e até algum ciúme por parte dos profissionais da seleção.

Para que você possa entender melhor, imagine como seria difícil aceitar tantas "regalias" num grupo em que todos tinham o mesmo tratamento. Enquanto todas as meninas treinavam físico e técnico duas vezes ao dia, eu tocava em bola no máximo uma vez por dia. O restante do meu trabalho era na piscina, musculação, na sala de ginástica olímpica, ou em alguma atividade fora do complexo de treinamento. Enquanto elas faziam agachamento com mais de cem quilos, eu não passava de trinta. Enquanto elas corriam como loucas debaixo do sol forte na pista de atletismo, eu não passava nem perto desse tipo de trabalho. Para que fosse mais produtivo, eu fazia treinamentos técnicos à parte, antes ou depois do treino normal do grupo, sempre sob a supervisão do Santos.

Minha única preocupação era me recuperar o mais rápido possível, por isso cada dia, cada treinamento era muito importante. Não queria perder um minuto sequer, o que fatalmente acontecia quando mudávamos o local de treinamento, ou quando queria acompanhar a programação do restante do grupo. Eu rendia muito mais quando trabalhava sozinha, o que era completamente fora dos padrões. Ao mesmo tempo, esse trabalho individualizado era a única solução para mim.

Num dado dia, fui chamada para uma reunião com toda a comissão técnica. Até então não tinha me dado conta dos problemas que o meu tratamento diferenciado poderia estar causando internamente. Para minha surpresa, os médicos e o preparador físico começaram a questionar a minha conduta, o meu relacionamento com os membros da comissão técnica. Isso porque, para tratar do planejamento de trabalho, eu acabava me dirigindo quase exclusivamente ao Santos e parecia que eu não estava valorizando as funções dos outros membros da comissão. Eles queriam deixar claro que o planejamento de todas as minhas atividades era desenhado por todos eles, apesar de ser executado diretamente pelo Santos. Talvez eles, no fundo, esperassem que um dia eu voltasse à tradicional rotina de treinamento cumprida por todas as outras jogadoras, o que nunca iria acontecer.

Para acalmar a situação, expliquei que não me importava quem comandaria as minhas atividades, mas sim que essas atividades me levassem à recuperação da cirurgia. O que eu queria era voltar a jogar bem, mesmo porque essa era a única maneira que eu poderia ser útil à seleção. Eu já sabia muito mais a respeito do que poderia ajudar ou atrasar esse processo, por isso, não abriria mão nem do treinamento individualizado, nem do tipo atividades que vinha realizando. Não era uma questão pessoal e sim prática. Por outro lado, eu estava segura que alcançaria meus objetivos se tivesse a chance de continuar treinando como vinha até então e pedi para que eles confiassem nisso.

Chegamos a um acordo, mas acho que a dúvida ainda persistia na cabeça deles. A situação do Santos também não estava muito simples, porque ele acabava valorizando muito mais as necessidades das jogadoras, às vezes até prejudicando seu relacionamento com os outros profissionais da seleção. Seu trabalho só foi definitivamente reconhecido no final daquele ano, quando Ana Flávia também fez uma cirurgia no joelho. Estávamos a menos de um mês da Copa do Mundo – que era classicatória para as Olimpíadas de Atlanta – e em menos de vinte dias depois da operação ela já estava jogando normalmente.

Somente quando os resultados começaram a aparecer, as pessoas foram acreditando mais que eu voltaria a jogar tanto quanto antes. Todas as novas práticas de treinamento a que estava me submetendo, a forma como eu procurava substituir o treinamento tradicional por uma maneira menos traumática de me manter em forma foi o meu segredo para continuar jogando. Foi o que eu fiz até encerrar a minha carreira.

Com o meu sucesso nessa busca, abriu-se um espaço para despertar em outros profissionais interesse em incorporar novos métodos ao seu modo de trabalhar. Mais do que um modismo, as conseqüências que práticas desportivas impróprias podem causar ao nosso corpo a médio e longo prazo têm preocupado técnicos e acadêmicos. As vantagens que se tem no desenvolvimento das potencialidades de um atleta equilibrado e consciente corporalmente vêm confirmando a sua importância, pela longevidade dos atletas e por alcançarem o mesmo (ou melhor) resultado de performance sem tanto prejuízo para a saúde.

Chegar ao topo pela primeira vez é difícil. Mas manter-se lá é muito mais difícil

Eu tenho visto essa teoria se confirmar a todo o momento desde que comecei a jogar. Primeiramente, você passa a servir como referência para os outros competidores quando se torna o número 1. Todos treinam para vencer o melhor, para serem tão bons quanto ele.

Mas o mais decisivo é a dificuldade de, quando se está no topo, manter as mesmas motivações que faziam com que a roda se movesse quando se estava por baixo. Conseguir pensar e agir com a mesma humildade e simplicidade do início, sem se deixar enganar pelas armadilhas que o sucesso nos aplica.

Durante essa temporada de 95, como grupo lutamos para não nos deixar levar pelo reconhecimento cada vez maior dispensado pela imprensa e público. O Bernardinho tinha uma postura pessoal muito forte e era um guia positivo e firme. Eu tenho a impressão de que um acontecimento vinha sempre à mente dele: a medalha de prata em Los Angeles, em 84, com a seleção masculina. Bernardinho fez parte do grupo, que, além

Com a taça conquistada pela equipe do Leite Moça, 1995

de vice-campeão olímpico, foi também vice-campeão mundial. Ele sempre diz que, por ser reserva do levantador Wiliam, foi coadjuvante do processo e, até por isso, teve a oportunidade de assistir a algumas coisas com certa imparcialidade.

Eles ficaram conhecidos como "geração de prata". Além de craques, jogadores como Renan, Montanaro e Bernard tinham grande apelo junto ao público. Quem não se lembra da partida realizada contra a União Soviética em pleno estádio do Maracanã lotado, quando montaram uma quadra de vôlei no meio do gramado? Como a torcida ia à loucura quando Bernard balançava o braço, para cima e para baixo, se preparando para seu saque que quase tocava o teto dos ginásios, conhecido como "jornada nas estrelas"! Eles foram os precursores do marketing esportivo no voleibol. Eram os queridinhos de todos, faturando alto com contratos publicitários, ao mesmo tempo que conquistavam as quadras do mundo. O maestro de todo esse movimento foi o técnico Bebeto de

Freitas, talvez o maior de todos, professor do Zé Roberto Guimarães – o campeão olímpico em 92 – e do próprio Bernardinho.

Apesar de todo o sucesso – ou, talvez, por causa dele – não conseguiram uma medalha de ouro olímpica ou mundial. O grupo rachou em discussões e vaidades durante as Olimpíadas de Los Angeles, 1984, quando colocaram os interesses pessoais à frente do grupo. Na época eles não tinham consciência de que a ganância não se mistura com os objetivos olímpicos e tiveram que aplaudir o time americano – de Karch Kiraly e do técnico Doug Beal – conquistar a medalha de ouro em 84 e repetir o feito em 88, nas Olimpíadas de Seul.

Os contextos que envolveram os dois grupos durante as suas histórias tinham muita relação e, em muitas oportunidades, o filme se repetiu. Nas duas gerações existiam grandes talentos individuais que trabalhavam bem coletivamente dentro de uma estratégia de jogo moderna e criativa para a época. As duas equipes estabeleceram a maneira de jogar do brasileiro, criaram a nossa "escola". Tanto no masculino quanto no feminino, depois do sucesso das duas seleções, praticamente todo o voleibol brasileiro passou a adotar essa maneira de jogar como sendo a mais eficiente para o nosso biotipo e personalidade.

Além desse fato, tínhamos em comum o número de estrelas brilhantes que precisam se enquadrar nesse "jogo solidário". O grande salto de qualidade aconteceu quando paramos de depender de um ou dois bons atacantes de ponta para vencer. Isso sempre foi uma grande armadilha, pois, apesar de termos tido grandes jogadores e jogadoras nessa posição, a marcação do bloqueio adversário fica muito facilitada, além de o time ficar preso emocionalmente às atuações desses atacantes. Para conseguir vencer as melhores equipes do mundo, passamos a nos apoiar num esquema de jogo que dividia responsabilidades e, conseqüentemente, o prestígio entre todas as peças. Dentro dessa atmosfera, era importante que todos agissem com humildade e entrega, pois não teríamos sucesso de outra maneira.

Nesse ano de 95, a seleção feminina conquistou duas medalhas de prata: no Grand Prix, em que perdemos para os Estados Unidos; e na Copa do Mundo, quando perdemos para Cuba. No Grand Prix, em setembro, eu ainda estava com uns 60 ou 70% da minha condição máxima. O time jogou bem (Fernanda, Márcia, Ana Paula, Ana Flávia, Virna, Hilma e eu) e só não conseguimos superar a disciplina tática das americanas, que conquistaram o último bom resultado daquela geração que tinha sido bronze nas Olimpíadas de Barcelona. As atacantes Caren Kemner, Paula Weischoof, Tara Cross-Batlle, as irmãs Oden, a levantadora Lori Endicot e o técnico Taras Lischevitch eram os principais nomes desse time. No final, ganhei o prêmio de melhor saque.

Já na Copa do Mundo, em novembro, a forma de disputa era diferente. Eram doze equipes que jogavam entre si somente uma vez, e quem acumulasse o melhor resultado seria campeão. Jogamos contra Cuba na terceira rodada, perdemos por 3 a 0, e eu tive uma atuação apagada. Foi uma pena termos enfrentado as cubanas tão cedo, porque melhoramos muito durante o torneio e chegamos ao final com apresentações excelentes. Apesar de eu ter até prejudicado a equipe no jogo contra Cuba, recebi o prêmio de melhor atacante desse campeonato.

Ao contrário do que aconteceu em outros torneios, tanto no Grand Prix quanto na própria Copa do Mundo, por um ou outro motivo, minha expectativa não era ter um destaque individual. Olhando agora para trás, me dou conta de que me destacar era algo que não passava pela minha cabeça naquelas oportunidades. Ironicamente, acabei sendo premiada, o que me faz acreditar, mais uma vez, que quando menos se espera é que as coisas acontecem, e vice-versa.

Na volta da Copa do Mundo, antes de me apresentar ao Leite Moça para a disputa da Superliga, tirei quinze dias de folga para tentar achar o rumo depois de toda a pressão que tinha sofrido naquele ano. Sou o tipo de pessoa que não funciona, em nenhum setor, se o coração não está sereno. Também sou o tipo de pessoa que questiona a sua essência e os seus objetivos de uma maneira meio radical. Durante os meus trinta e poucos anos de vida, tive algumas crises em que eu parava quase por completo para avaliar o que estava acontecendo. Mergulhava de cabeça e sempre saía com uma resposta para poder seguir a caminhada.

Sempre me incomodou muito o fato de ser reconhecida nos lugares que freqüentava; sou tímida e não gosto de chamar a atenção. Naquela ocasião, nos Estados Unidos, uma das minhas grandes dúvidas era se valia a pena dedicar tanta energia e tempo à minha carreira em detrimento da minha individualidade, da minha vida pessoal. Será que eu estava seguindo pelo caminho certo, ou aonde isso tudo estaria me levando?

Pois eu estava dirigindo pela cidade numa manhã e parei para tomar café. Estacionei o carro e vinha andando em direção ao restaurante, pensando exatamente se era essa a vida que eu queria para mim. Entrei e logo me instalei numa mesa. O lugar não estava lotado, mas várias mesas estavam ocupadas. Eu sempre fico muito à vontade quando estou viajando! Aproveito para circular pelos lugares sem ser reconhecida. Dessa vez não seria diferente, ainda mais nos Estados Unidos, onde a popularidade do voleibol não é lá essas coisas.

Logo depois que a garçonete anotou o meu pedido, dois senhores, por volta dos seus sessenta anos, que estavam numa mesa ao lado pediram licença e me perguntaram se eu jogava voleibol. De cara, levei um susto, mas segui com a conversa. Eles tinham assistido ao nosso jogo contra a seleção americana na Copa do Mundo. O detalhe é que não é comum TVs americanas transmitirem jogos internacionais de voleibol, ainda mais não sendo Olimpíadas, além de o campeonato ter sido disputado no Japão. Reclamaram por nós termos vencido as americanas e elogiaram a minha performance. Foi uma conversa curta, mas animada e cheia de significado.

Saí do restaurante feliz, não por ter sido reconhecida numa situação tão inesperada, mas por ter entendido o recado. Aquela era a minha vida, eu tinha que continuar construindo o meu caminho, e aqueles dois velhinhos estavam lá para confirmar a minha vocação. Pode parecer loucura ou exagero, mas esses acontecimentos têm muito significado para mim. Essas mensagens sutis, pequenas coincidências, podem ser, na verdade, formas de o nosso íntimo se expressar. É como conversar como o nosso coração, estabelecer um canal de acesso com o que somos em essência, para poder colocar para fora em forma de força, brilho, energia. Abrir os olhos e prestar atenção ao que realmente interessa: colocar a alma em tudo que se faz!

Intuição

A intuição pode vir a ser recebida de várias formas: uns acham que é sorte, outros chamam de sexto sentido, outros enquadram dentro da lei das probabilidades, os mais antigos podem dizer que é bruxaria. Sem dúvida é uma ferramenta feminina – não somente das mulheres, mas da porção feminina de todos nós – que poucas pessoas controlam e muitas experimentam vez por outra.

Alguns grandes atletas, mesmo inconscientemente, fazem uso desse fundamento como se fosse um drible, ou um grande arremesso, ou uma defesa espetacular... como se fosse parte do jogo. Mais do que conhecer o adversário e todos os seus truques, ou ter grande habilidade em antecipar a sua jogada, existem momentos em que agimos antes de pensar no que fazer. Não estou falando de reflexo ou automatização de movimentos mecânicos, mas aquele "saber o que vai acontecer". Isso também vale para os técnicos, principalmente no basquete e no vôlei, por causa das várias possíveis substituições e tempos para passar instruções. Quantas vezes eles mudam o rumo de uma partida com atitudes inspiradas!

Não sou estudiosa do assunto, mas tenho experiência prática e sou observadora. Vi jogadoras como a Fernanda, a Márcia, a peruana Cecília Tait, que tinham momentos de pura intuição. Decisões em frações de segundo, tirar um coelho da cartola na hora de maior pressão. Pode ser num levantamento que vem vindo para você atacar: enquanto a bola se aproxima, você está acelerando para saltar e o bloqueio está se formando na sua frente. Você dá a última passada antes do salto, através do bloqueio você sente o posicionamento que a defesa está tomando. Num *flash*, você bate na bola, que toma o único rumo possível por entre os quatro braços à sua frente e encontra um espaço vazio na quadra adversária. Ponto.

Conforme o jogo vai passando, o outro time começa a reforçar a marcação sobre você. A situação fica mais difícil, mas você acaba, um após o outro, aproveitando todos os ataques, encontrando sempre um buraco milagroso para a bola passar. "O que está acontecendo, será que estou saltando mais, meu braço está mais rápido, eu estou com sorte?" – você deve estar se perguntando. Eu diria que hoje você está conectado com a sua intuição.

Por várias vezes passei por situações como essa, em que os canais estavam completamente abertos e eu conseguia ouvir aquela voz que vem de dentro me dando as dicas do que fazer. Em alguns momentos, essa ajuda foi muito forte, em outros nem tanto; houve jogos em que não conseguia enxergar nem o bloqueio à minha frente e fui traída pelos meus instintos. Seria muito difícil testar cientificamente a ocorrência desse fenômeno, mas eu tenho alguns palpites que aprendi a encarar com seriedade.

Partindo do princípio de que essa capacidade de sentir o que vai acontecer antecipadamente existe, eu afirmaria que não se trata de uma habilidade da nossa razão, e sim da nossa alma. Para conseguir acessar as habilidades da alma, temos que falar a mesma língua que ela, temos que procurar criar um diálogo constante e, dia a dia, ir buscando a sua amizade. Criar um ambiente propício afastando sentimentos baixos do nosso pensamento, como a inveja e a vaidade. Ter em mente os nossos objetivos mais nobres, ajudar os outros e trabalhar com amor para superar as nossas limitações físicas. Agir assim como querendo presentear o nosso espírito.

No Mundial de 98, quando tivemos uma grande chance de voltar com o ouro e acabamos em quarto lugar, uma das jogadoras não teve o desempenho que poderia ter tido. Por mais que ela se esforçasse, por mais vídeos que ela assistisse para estudar os adversários, por mais que ela quisesse, ali, no momento, as coisas não davam muito certo. Ela não conseguia ver o bloqueio, não conseguia sentir qual a melhor opção de jogada, nem se conectar com a equipe. A impressão que me dava é que ela estava tão confusa com os seus sentimentos e objetivos que não conseguia ouvir a sua intuição. Não adianta querer enganar a nós mesmos nem querer que milagres aconteçam de uma hora para a outra. O resultado final sempre vai ser coerente com o processo, pois é quando preparamos o nosso corpo, mente e espírito.

A cada dia nos é dada a oportunidade de acrescentar um ou mais tijolos na construção de uma conquista. O sucesso, ou não, será conseqüência da qualidade do trabalho técnico, tático, físico e mental de cada dia, além da firmeza dos objetivos individuais e do grupo.

Contusões, recuperações e trabalhos corporais

Em 94 eu dei fim ao problema no ombro que vinha carregando por anos. Nem lembro quando ele começou, pois já sentia o problema havia muito tempo.

O voleibol é um esporte traumático, principalmente pelo piso duro, pelos movimentos muito repetitivos. O ombro dominante (o direito, no meu caso) é muito exigido, sobretudo em atacantes de ponta. Eu sempre tive dificuldade em cumprir os treinamentos de ataque e saque, ou de suportar uma seqüência de trabalho longa. Mais cedo ou mais tarde, meu ombro reclamava. Era inclusive frustrante porque me impedia de buscar uma evolução do meu ataque. No saque, que pela sua técnica acabava sendo mais traumático do que o ataque, a solução que eu encontrei foi começar a sacar saltando, o chamado "saque viagem".

O meu ombro é muito justo, desequilibrado muscularmente até então, e eu não conseguia me livrar da incerteza de "quando" ele iria me tirar de treinos e jogos. Foi o Bernardinho que, depois de uma excursão pela Rússia, levou a Hilma e eu à Modena, Itália, para visitarmos um fisioterapeuta em quem ele confiava e com quem já havia trabalhado quando era técnico naquela cidade.

Confiança é realmente importantíssimo quando se fala em médicos e fisioterapeutas. O diagnóstico e tratamento sugeridos pelo italiano eram os mesmos do físio que trabalhava com a seleção brasileira, o Jorge Santos.

O único problema é que o brasileiro ainda não tinha conquistado a confiança dos outros membros da comissão técnica. Assim, fomos até a Itália para poder adotar, talvez, a mesma conduta de treinamento apresentada pelo Santos.

O que eu tenho no ombro chama-se "síndrome do impacto". Esse problema, num atleta de vôlei que joga o ano inteiro, treina seis horas por dia, cumprindo uma carga grande de ataques por dias seguidos, pode levar até a cirurgias para corrigir tendinites crônicas ou rompimento de algum músculo ou tendão. É, na verdade, uma predisposição a lesões que acaba se agravando nessa realidade de exigência do voleibol. Problemas de ombro, joelhos, coluna e tendão de Aquiles por repetição de movimentos fazem parte do nosso cotidiano. É o que os médicos chamam de *over use*. É o corpo nos mandando sinais de que, anatômica e fisiologicamente, não fomos feitos para certos limites de esforço.

O físio italiano nos sugeriu algumas mudanças nas posturas do trabalho de musculação e alongamentos específicos. Comecei a adotar essas mudanças imediatamente. A partir de mais ou menos um mês de trabalho, nunca mais tive nenhuma contusão grave no ombro. Nada que me tirasse por mais de um dia dos treinamentos específicos, mantendo essa rotina de treinamento físico. Só não resolveu a questão do meu saque: não conseguia cumprir um treinamento sequer de saque normal, pois bastava isso para me deixar o ombro sensível. Por isso, me mantive sacando saltando, o que pode ser mais cansativo mas não machucava tanto.

O voleibol é um esporte traumático por característica. Os movimentos são rápidos, explosivos, muito repetitivos em jogos e, principalmente, nos treinamentos. Os deslocamentos são predominantemente curtos, rápidos, com mudanças de direção constantes numa postura de semi-agachamento. Muitos saltos e muitos ataques e, quando falamos em nível internacional, significa quase sempre força máxima. O Dr. Gilberto Camanho – o cirurgião das minhas últimas três intervenções nos joelhos – foi assistir a um treino da seleção por ocasião da primeira cirurgia que eu fiz com ele, em 95. Ele não conhecia muito bem o voleibol – como era praticado e quais eram as exigências físicas – pois tinha mais vivência no basquete e futebol. Eu lembro que ele saiu impressionado, e quando fazia referência ao vôlei falava em "treinamento para boinas-verdes". É claro que há muito bom humor nesse comentário, mas não deixa de ter algum fundamento.

Se praticado como lazer, sem grandes exigências, ou na formação de crianças e adolescentes, o vôlei é um esporte como outro qualquer. Mas quando falamos em alto nível, no degrau de competitividade que o Brasil alcançou no cenário doméstico e internacional, a coisa muda de figura. Para "construir" um jogador de vôlei é preciso muito investimento, não somente financeiro. Para formar um bom jogador existe uma cadeia de acontecimentos como: anos de aperfeiçoamento técnico; procurar crescer fisicamente a cada ano; experiência em jogos, o que significa muito tempo na estrada fazendo excursões. Além disso, essa realidade de maior exigência e competitividade é um dado mais recente. Tenho certeza de que, quando eu era bem mais nova (de doze até dezesseis anos), o foco era diferente. Até essa idade eu morava em Blumenau e, apesar de disputar alguns campeonatos brasileiros, a tradição do esporte nessa região sempre foi mais de integração do que competição. Apesar de esta ser uma visão limitada da minha parte, acredito que não era muito diferente no resto do Brasil.

Hoje em dia a competitividade é muito maior. Com o patrocínio de empresas públicas e principalmente privadas, veio a corrida pela performance. Na verdade, acho que esse foi um fator que se soma a uma nova realidade dos tempos modernos. No mundo inteiro se busca quebrar os limites do corpo humano e, mais recentemente, da nossa mente. Os homens se tornam mais fortes, mais rápidos, mais habilidosos, mais resistentes às pressões. Sem o uso de substâncias que aumentem artificialmente o rendimento, o único caminho para alcançar essa evolução é o treinamento, aumentando a sua qualidade, volume e intensidade. Traduzindo: começamos a treinar mais, aumentando a repetição dos fundamentos, combinados com uma sensível intensificação da carga física.

Esse foi o caminho que a minha geração tomou. Desde quando eu era juvenil, passando pelo tempo em que trabalhei com o Inaldo Manta, até o trabalho com o Bernardinho, a mentalidade sempre foi de busca pela evolução técnica e física. Trabalhei com pessoas, assim como eu, muito competitivas. Em alguns momentos fazíamos loucuras, verdadeiros crimes com as nossas articulações, músculos e tendões. A consciência corporal e uma maneira mais conservadora de trabalhar o corpo apareceram mais tarde. Foi só mais tarde também que eu comecei a pagar o ônus desses exageros, como o processo de degeneração da cartilagem dos joelhos – artrose. Apesar de eu ser um exemplo das conseqüências negativas dessa caminhada, não sou a única a sofrer desses males. Vários são os atletas de vôlei que carregam os efeitos dos treinamentos cumpridos por anos e anos de atividade.

Em 95, enquanto eu corria de um médico para outro atrás de uma solução para a dor que sentia nos joelhos, meu time – o Leite Moça, que tinha na época a Fernanda Venturini, Ana Paula, Denise, Josiane... – continuava disputando a Superliga. Eu não conseguia dar um passo na quadra e estava tentando normalizar a minha situação física para poder disputar as finais do campeonato, já que iria me submeter à cirurgia somente depois do término da temporada.

Foi quando eu me voltei para um outro campo que não conhecia: autoconhecimento corporal. Já havia pedido ajuda ao Santos para montar um programa de fisioterapia que me possibilitasse terminar aquela temporada. Isso incluía reforço muscular, aumento da amplitude do movimento da articulação e alongamento. Sentia que as pessoas estavam preocupadas com o meu estado físico e procuravam me ajudar com sugestões de conduta. José Elias Proença foi uma dessas pessoas. Na época, não o conhecia muito bem – a não ser que era um excelente preparador físico, muito estudioso e voltado para um trabalho humanista. Foi ele quem me apresentou à RPG, o primeiro passo que eu dei no sentido de aprender como funciona e como melhor trabalhar com o meu corpo, aprendizado esse que eu venho aprimorando até hoje.

A RPG, e todas as suas variações, me ajudou a conquistar um equilíbrio muscular e postural. Eu acredito que todos os acontecimentos da nossa vida servem a um propósito. Não sei se preestabelecidos ou não, mas eu tenho essa fé de que tudo tem uma razão de ser. Não foi fácil enfrentar todas as dificuldades causadas pelos problemas que eu tive nos meus joelhos. Ao mesmo tempo, acho muito difícil que eu tivesse outra oportunidade, senão essa, que me despertasse para uma maneira mais completa de me trabalhar, pois nada como sentir os problemas na própria pele.

Voltei para a equipe nas quartas-de-final, depois de ficar quase dois meses afastada. Joguei todos os jogos até o último da final, quando vencemos a Superliga. Joguei bem, conseguindo cumprir as expectativas e justificando toda a confiança que tinham em mim, apesar de o time, que era muito forte, ter jogado toda a fase classificatória enquanto eu fiquei de fora. Não consigo resistir a pensar que esse é outro capricho do destino. Explico: eu sempre tive, querendo ou não, uma presença forte nos times em que joguei. Principalmente a Fernanda, com quem eu joguei por anos seguidos, acabava concentrando mais o jogo comigo quando as coisas complicavam. Como eu não estava jogando, cada uma das outras meninas tiveram que dar um pouco mais de si para compensar. Mais do que isso, elas tiveram que mudar a postura e a maneira de jogar, já que a responsabilidade de cada uma aumentara. Elas se saíram muito bem, acabando a fase classificatória em primeiro. E uma vez que vivenciaram uma superação e aprenderam o caminho, conquistaram mais um degrau, ganharam uma estrela, como soldados na guerra. É, as coisas não acontecem por acaso...

*Pelas*Minhas*Mãos*

Ana e o fisioterapeuta Jorge Santos, 1995

A minha maneira de preparar o corpo

A RPG foi o início. De lá para cá, mesmo depois de encerrar a carreira de atleta profissional, nunca mais deixei de trabalhar fisicamente, buscando equilíbrio e controle. Uma vez que se experimentam essas sensações no nosso corpo, que a pessoa começa a reconhecer as mudanças nos músculos, na pele, na maneira de se mover, na postura... não há como voltar atrás. Esses efeitos se refletem até no comportamento emocional da pessoa. Para mim, isso tudo é sinônimo de saúde e bem-estar. E o mais fascinante é que o processo de descoberta do corpo não pára nunca, mesmo porque não sabemos quase nada a respeito das nossas potencialidades.

Sempre fui muito curiosa, e uma das maiores motivações que tinha para enfrentar a rotina de tratamento do problema crônico no joelho era o prazer de vivenciar esse processo. Nunca tive nenhuma formação acadêmica sobre nada disso, mas aprendi muito nos meus anos de prática. No período em que estava me recuperando da cirurgia de reconstrução do ligamento cruzado, por exemplo, desenvolvi uma disciplina de muita concentração em cada movimento. Precisava otimizar ao máximo meu tempo, e quanto mais "sacava" o que ia acontecendo com o meu corpo, melhor e mais segura era a minha evolução no tratamento.

É um maneira meio zen, não só de treinar, mas de viver. Quando eu jogava, meu corpo acumulava tensões, fadiga, contusões, desgaste, dor, causados pelas atividades e pelo impacto. Além disso, em qualquer atividade existe pressão pelo rendimento, estresse, problemas emocionais que a pessoa acaba refletindo no próprio corpo. As terapias corporais são a minha válvula de escape, é onde eu procuro equilibrar força, postura e os movimentos do meu corpo. Quanto maior a exigência do corpo e da mente, mais eu preciso do outro lado. Para cada taça de vinho, um copo de água para equilibrar.

Pelo que vejo, os atletas deixam um pouco de lado essa necessidade natural de equilíbrio. Muitas vezes por falta de informação, outras vezes por resistência a coisas novas, ou talvez por não terem resultados rápidos. Afinal de contas, para tudo o que se aprende é preciso treinamento e continuidade. De uma maneira geral, os preparadores físicos que atuam aqui no Brasil se inspiram seguindo o modelo americano de trabalhar o corpo. Uma importância maior dada ao ganho de força dos grandes grupos musculares, dividir o corpo em bíceps, tríceps, gêmeos, quadríceps... Enxergar o corpo mais facetado do que entendê-lo como um todo.

Na Europa, de vários países nascem diferentes linhas de trabalho corporal, utilizadas pela psicologia nas terapias corporais, na fisioterapia para recuperação de lesões na formação e treinamento de atletas. De diferentes maneiras, essas linhas de trabalho buscam equilibrar e harmonizar o corpo através da flexibilidade e amplitude dos movimentos, do controle, do equilíbrio muscular entre todos os músculos e do autoconhecimento de corpo, mente e emoções.

De certa maneira, a minha geração foi "cobaia" de vários métodos de treinamento, tanto nas seleções brasileiras – categorias menores e principal – como também nos clubes. Durante anos experimentei, para depois abandonar a maior parte, fórmulas e mais fórmulas de trabalho físico. Para que tivéssemos um ganho de qualidade com relação à geração que nos tinha antecedido, um dos maiores objetivos no trabalho dessas seleções passou a ser um incremento das habilidades atléticas. Aumentar a nossa força, velocidade, resistência, capacidade de salto, controle de peso e diferentes tipos de dietas... Testamos tudo isso quase no limite. Quando eu olho para trás, isso é talvez o que mais me faz lamentar, por termos, muitas vezes, não prestado tanta atenção às conseqüências maléficas que esses tipos de treinamento nos causariam. Inclusive por não ter lutado mais contra orientações de profissionais por vezes irresponsáveis.

Antes de dar uma virada na minha preparação corporal, já com vinte e seteanos e quase dez anos de seleção adulta, estava para parar de jogar. Tinha os dois joelhos com um preocupante quadro de artrose somado a um bloqueio de extensão e de flexão do joelho esquerdo, pouca flexibilidade e dificuldade em desenvolver força nas pernas. Grande parte destes problemas eu vinha carregando desde a primeira cirurgia que fiz nesse joelho, com dezesseis anos.

Logo que comecei com a RPG, senti a diferença no meu corpo: a flexibilidade melhorou rapidamente; as articulações deram uma "respirada", pois a amplitude dos seus movimento aumentou; comecei a experimentar as inúmeras inter-relações entre os músculos e o alinhamento do meu corpo. Como complemento à preparação física, a RPG clássica tende a ser incompleta. Se o profissional tiver a sensibilidade e capacidade de incorporar ao seu trabalho elementos de outras linhas, bem melhor. Existe uma variação da RPG, criada também por Souchard, chamada RPG dos esportes. Essa linha usa os princípios da RPG clássica, somados a exercícios mais ativos, isométricos, para promover maior ganho de força usando as mesmas noções de alinhamento.

O voleibol, principalmente, é um esporte que agride muito a estrutura óssea, tendões e musculatura. Nosso organismo é inteligente, e qualquer desconforto numa determinada parte acaba desequilibrando o restante do corpo. Uma dor no joelho, por exemplo, que começou no treino da manhã, é rapidamente compensada pela mudança na maneira de pisar; criam-se tensão e desalinhamento no quadril e lombar, que sobem pela coluna até tensionar o ombro ou o pescoço, que acabam dividindo a tarefa de sustentação do corpo. Se o indivíduo, ao detectar o problema no joelho, não buscar alinhar as compensações ele entrará no treino da tarde com a mesma dor somada a uma desorganização dos músculos e eixos de força das articulações. Nesse quadro os problemas vão se acumulando até que a contusão se torne mais séria ainda, ou outros problemas se instalem, ou o atleta é afastado do treinamento para tratar o problema isoladamente.

Além disso, as metodologias tradicionais de preparação física dão uma maior importância às grandes cadeias musculares, de maneira seccionada. Quando é dada mais atenção aos músculos mais internos, que criam a sustentação dos grandes músculos externos, o ganho de força muscular é incrementado, ao mesmo tempo que diminuem as pressões nas articulações. É sabido que um músculo bem preparado tem que ser flexível, ter um bom tônus quando contraído e bom nível de relaxamento quando não solicitado. Melhor ainda se for um músculo inteligente, pois sua ligação com o cérebro está "afiada".

Infelizmente, ainda hoje são pouquíssimos os profissionais que têm essa consciência. A maioria não aproveita os vários caminhos alternativos e complementares que vêm aparecendo para incrementar a preparação dos seus atletas. Ao contrário, trabalham hoje como trabalhavam há pelo menos dez anos. Para mim, o grande desafio na formação e preparação atlética, hoje em dia, é encontrar a fórmula ideal para buscar o desenvolvimento pela QUALIDADE da participação de cada atleta no treinamento, e não pela QUANTIDADE de repetições dos exercícios.

Praticando Pilates, 2002

Como evolução do que eu vinha tendo com a RPG, experimentei outras linhas de trabalho corporal como o GDS*, alguma coisa de holística, e mais recentemente o método Pilates**. E não é o caso de se limitar a sessões semanais desta ou daquela terapia; mais do que isso, o ideal é procurar incorporar elementos e noções daqui e dali no treinamento rotineiro do seu esporte. Os conceitos se complementam, os indivíduos são diferentes, assim como as exigências de cada esporte. O interessante sempre será desenvolver a "inteligência corporal" do atleta, fazê-lo "entender" o funcionamento do seu corpo. Dar-lhe instrumentos para que vá desenvolvendo uma melhor percepção, concentração, memórias de alinhamento e relaxamento. Assim, ele poderá transferir essas memórias para os movimentos dinâmicos do jogo, onde ele terá que estar atento a outros elementos – a bola, os companheiros, os adversários.

Nunca fui uma jogadora excepcional tecnicamente, como a Fernanda e a Márcia, por exemplo. Porém, nos dois últimos anos em que joguei, comecei a sentir o efeito dos trabalhos corporais também na técnica dos fundamentos do jogo. Principalmente no último ano, com o treinamento em Pilates, de repente jogar ficou mais fácil. Apesar do tempo de atividade ser cada vez menor por causa dos joelhos, eu estava jogando melhor, saltando mais alto e com melhor aproveitamento técnico. Eu era mais precisa nas ações e não desperdiçava energia com movimentos desnecessários. A memória corporal estava mais aguçada. Eu ficava até cinco dias sem treinar com bola, mas bastavam alguns minutos de contato, alguns toques e manchetes, para retomar o controle. Uma vez vi uma declaração do Romário a respeito disso. Ele disse que quando vai ficando mais velho, sem a mesma explosão dos mais novos, o jogador tem que procurar os atalhos.

* GDS são as iniciais da francesa Godelieve Denys-Struyf, que estudou os músculos que formam as cadeias musculares cruzadas e suas relações. Essas relações determinam tipologias físicas que definem características funcionais e emocionais do corpo. Esse método também desenvolve processos de capacitação no Brasil.

** Pilates é um método de preparação física criado pelo alemão Joseph Pilates, no final do século 19 e início do século 20. Pilates estudou anatomia, biologia, ciências naturais, medicina oriental e desenvolveu uma forma de treinamento para si mesmo, já que tinha problemas de saúde. Ao se radicar nos Estados Unidos, fugindo da Primeira Guerra Mundial, Pilates introduziu seu método, a "contrologia", no mundo da dança e das lutas. No livro *Your Health*, escrito em 1934, Pilates diz que contrologia "é o controle consciente de todos os movimentos musculares do corpo. É a correta utilização e aplicação dos mais importantes princípios das forças que se aplicam a cada um dos ossos do esqueleto, com o completo conhecimento dos mecanismos funcionais do corpo, e o total entendimento dos princípios de equilíbrio e gravidade aplicado a cada movimento, no estado ativo, em repouso e dormindo".

No Brasil, o método chegou em 1996, e em 1998 foi formada a primeira turma de professores certificados segundo os critérios do Autêntico Método Pilates sob responsabilidade da Master Teacher Romana Kryvanowska, única depositária da metodologia original de Joseph Pilates.

Eu pratico desde 99 e me certifiquei instrutora em 2002.

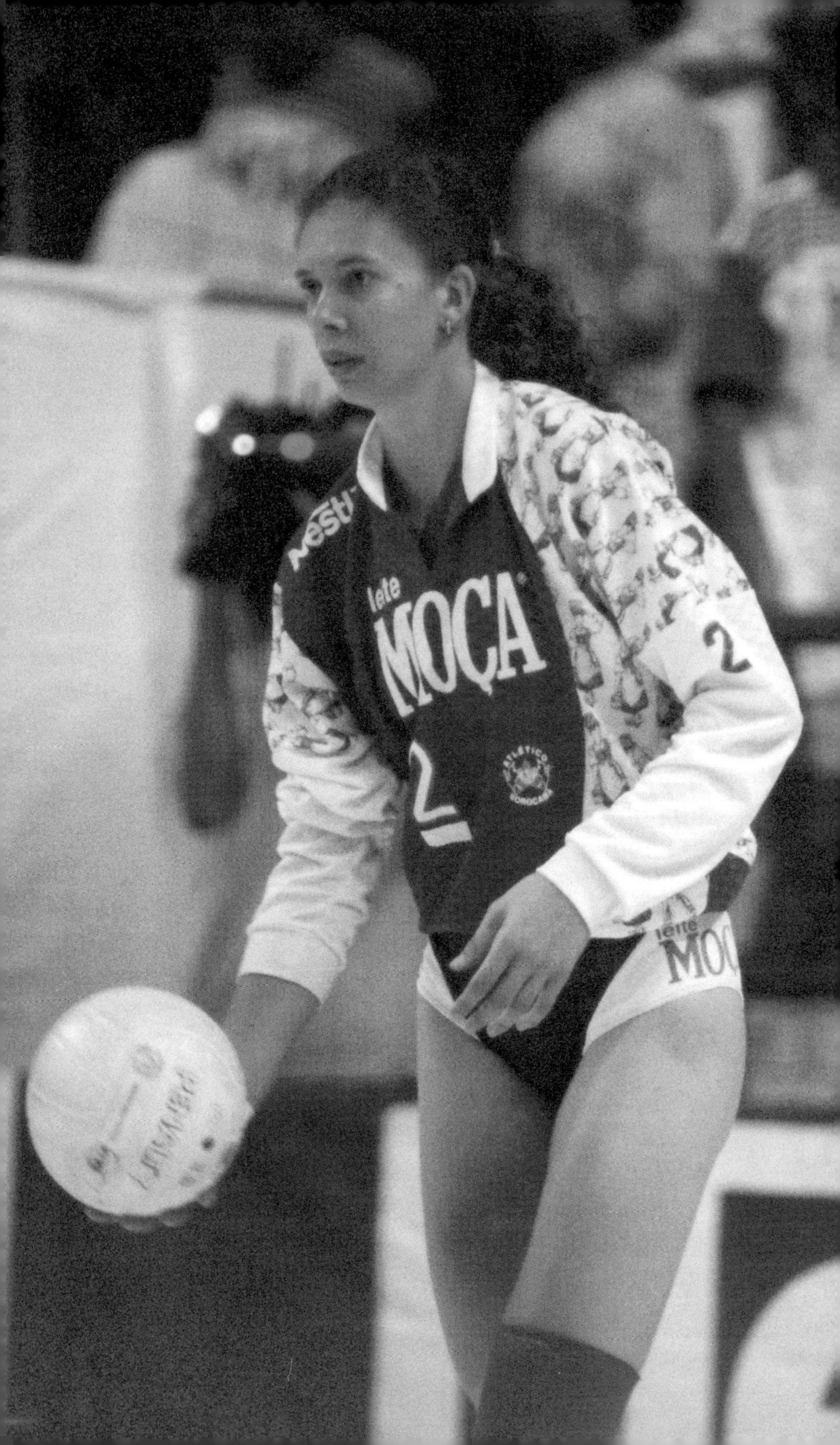
leite MOÇA
2
leite MOÇA

1996

Ainda em 95, em dezembro, eu achava que a "dureza" daquele ano estava ficando para trás e iria começar a aproveitar tempos de mais calma. Jogava no Leite Moça e estávamos começando a disputa da Superliga. Era a última partida do ano, no dia dezenove, contra a Recreativa de Ribeirão Preto. Naquele dia eu sentia os meus joelhos um pouco "enferrujados", estava difícil de aquecer e, para saltar melhor, procurava colocar mais potência no arranque antes do salto de ataque.

Minha estratégia ia funcionando – já vencíamos por 2 a 0 – até uma bola um pouco curta que a Fernanda levantou para eu atacar do fundo. Tudo aconteceu num *flash*: quando senti a bola curta acelerei ainda mais a corrida, saltei para conseguir alcançar o levantamento e passei de toque colocando a bola ao lado do bloqueio do time de Ribeirão. A defensora do outro lado se jogou mas não conseguiu a defesa, a Fernanda já comemorava o ponto e se dirigia para o saque. Enquanto isso, eu fazia a aterrissagem do salto: primeiro o pé esquerdo tocou o chão, depois um passo com a perna direita para fazer a freada. Quando o pé direito começou a fazer pressão no solo para parar o deslocamento, senti uma dor forte e a sensação de estar quebrando a minha perna ao meio. Caí deitada e por um instante, antes das pessoas chegarem para me socorrer, passou na minha cabeça todo o filme do drama que eu iria enfrentar.

Meu maior pavor até então, a pior coisa que poderia me acontecer em quadra, era torcer o joelho e romper o ligamento cruzado. Me dava um frio na boca do estômago toda vez que lembrava de outras jogadoras sofrendo esse tipo de contusão, além do fato de isso ter acontecido com algumas amigas minhas exatamente quando se aproximavam, como eu, dos trinta anos. Naquele jogo, pelo time de Ribeirão, jogavam a Vera Mossa, a Ana Volponi e a Tina, que tinham em comum exatamente o fato de terem torcido o joelho por volta dessa idade. É até curioso, mas elas acabaram sentindo mais a minha contusão que o meu próprio time. Venciam o terceiro set e, depois que eu saí de quadra, não conseguiram fazer muito mais e perderam em poucos minutos. A Ana Volponi, muito querida e sensível, sentou no meio da quadra como em transe, e teve que ser chamada de volta à realidade pelo técnico para continuar no jogo.

Saí da quadra andando, pois a musculatura tensa ainda mantinha o joelho firme, mas quando cheguei à clínica de raios x a perna já estava solta e não existia dúvida no diagnóstico. Naquela altura, eu tinha total consciência de que teria 5% de chance de não fazer uma cirurgia de reconstrução de ligamento. Isso significava de seis a oito meses de recuperação para poder voltar a jogar. Estávamos no fim de dezembro, e as Olimpíadas de Atlanta eram em julho do ano seguinte – menos de sete meses depois. Além do curto espaço de tempo, a contusão era no "joelho bom" – o direito – e caberia ao joelho esquerdo, que eu tinha operado naquele ano, segurar uma carga muito maior durante a recuperação.

Dormir naquela primeira noite foi um suplício, mas acordar no dia seguinte e lembrar da contusão na primeira virada que dei na cama foi aterrador. Por dois dias eu vi o meu mundo cair. Não conhecia nenhum atleta, principalmente de vôlei, recuperar-se rápido o suficiente para estar em plena forma nos poucos meses que faltavam para o início das Olimpíadas. Talvez, pela técnica cirúrgica a ser escolhida ou um protocolo de recuperação superacelerado, desse tempo para eu me recuperar. Mas só isso não me satisfaria. Eu queria não só "disputar" as Olimpíadas, mas jogar bem e ajudar a seleção a subir ao pódio. E não sabia se daria tempo.

Eu realmente queria muito estar lá. Seria a coroação do trabalho de uma geração talentosa e da minha parcela dentro disso. Já havia superado tantos obstáculos dentro e fora da quadra que seria uma ironia muito grande ficar de fora por um problema de tempo. Eu me perguntava o porquê disso estar acontecendo comigo e que caminho eu tomaria. Hoje eu posso dizer que a fé remove montanhas, porque foi com ela que eu me ergui e dei o primeiro passo. Essa era a luz que me guiava todos os dias ao iniciar a minha rotina de recuperação, ficando como um pano de fundo para os objetivos práticos que eu me propus perseguir.

Comecei a me voltar para aquelas pessoas em quem confiava e eram capacitadas para me ajudar naquela circunstância. Dois dias depois do acidente, continuava apavorada, mas já estava buscando os caminhos que poderia tomar para conseguir me recuperar a tempo para as Olimpíadas. As primeiras pessoas que consultei foram o Jorge dos Santos, fisioterapeuta, e os médicos Sérgio Xavier e Gilberto Camanho. Enquanto eles fechavam o diagnóstico e decidiam sobre a técnica a ser usada na cirurgia e recuperação, eu ia me preparando mental e espiritualmente para enfrentar os próximos meses. Depois de decididos todos os detalhes técnicos, a data da cirurgia foi marcada para quinze dias depois. Naquela altura, o meu pensamento estava tomado por um sentimento de que existia um caminho e, mais do que tudo, iria dar certo. A técnica cirúrgica escolhida não era a mais difundida naquela época, que usava o tendão patelar como enxerto que, com o tempo, substituiria o ligamento. Em vez dessa, o Dr. Camanho sugeriu o tendão do músculo semitendinoso, dobrado em três, preso embaixo com um parafuso e, na parte de cima, por uma espécie de boton. Esta última técnica favorece a recuperação em pessoas com desgaste patelar e que saltam muito na sua atividade esportiva. Apesar do tamanho do obstáculo, os horizontes estavam se abrindo.

Antes da cirurgia, procurei algumas terapias alternativas para complementar o tratamento. Acredito que muitos dos nossos problemas físicos não podem ser tratados isoladamente, como se o nosso corpo fosse fragmentado. Temos que tratar o corpo como ele realmente é: um conjunto das partes. Se uma parte está doente, todo o restante do corpo se ocupa de trabalhar pela cura. Estavam todos muito ansiosos por notícias e tive que organizar uma entrevista coletiva com a imprensa para comunicar o que estava acontecendo. Estava voltando do consultório do Dr. Camanho e, apesar de uma certa resistência por parte dele, não queria operar antes de fazer uma consulta com um médium conhecido e, provavelmente, uma cirurgia espiritual. Mas não tinha a intenção de tornar isso público, pelo menos não naquele momento, pois queria evitar uma inevitável polêmica diante de um tema tão controverso. No prédio em que morava, vários repórteres estavam à minha espera. Tive que contar algumas mentiras – poderia ter ganho um Oscar pela minha atuação – e todos ficaram satisfeitos com a história que contei. Peço desculpas, mas precisava de tranqüilidade e não queria câmeras e repórteres correndo atrás de mim em sessões espíritas.

Estas foram todas as terapias alternativas de que fiz uso naquele ano:

Cirurgia espiritual – foram duas cirurgias e várias energizações antes e depois da cirurgia ortodoxa, no Santuário Ramatis, pelas mãos do médium Waldemar Coelho.

Homeopatia – para buscar um melhor funcionamento do meu organismo, equilibrar as minhas funções físicas e reforçar ossos, músculos e tendões. Dr. Samir.

Medicina ortomolecular – basicamente, um reforço de vitaminas, sais minerais, aminoácidos, que melhoravam as funções do meu corpo acelerando a cicatrização da cirurgia. Dr. Ronaldo Abud.

RPG – Reeducação Postural Global. Alongamentos e reforço dos músculos, respeitando o equilíbrio muscular do corpo, que trabalha como um todo. Melhora a saúde das articulações, alongando os tendões e aumentando o espaço entre os ossos delas.

Com a retaguarda dessas terapias, me entreguei de corpo e alma à rotina de recuperação e preparação física e técnica. Sob o comando do Santos, fizemos um planejamento que respeitava três fases. Na primeira nos preocuparíamos em recuperar as condições básicas para as atividades normais do dia-a-dia. Na segunda, a nossa preocupação estaria voltada para conquistar uma situação atlética boa, que permitisse voltar aos treinamentos coletivos com bola. E a terceira fase, quando estaríamos correndo contra o tempo para alcançar níveis maiores de força, velocidade e segurança para estar jogando dentro de uma exigência mais alta.

Quando eu operei, faltavam praticamente seis meses para as Olimpíadas, e a nossa previsão era de quatro meses para completarmos a segunda fase. E assim fui vivendo dia após dia, cumprindo as programações diárias e semanais e acompanhando a evolução geral por meio de testes físicos periódicos. Trabalhávamos sempre um pouco além do limite sugerido pelo cirurgião Dr. Camanho. Graças ao grande conhecimento do Santos e à sua imaginação fértil, as atividades na sala de musculação e na piscina eram feitas buscando o limite máximo que o meu corpo permitia. No início da recuperação – até mais ou menos o terceiro mês – é preciso tomar muito cuidado com o enxerto, que ainda não está cicatrizado e incorporado funcionalmente ao joelho. É contra-indicado colocar uma sobrecarga em alguns ângulos do movimento articular, assim como alguns estímulos de arranque, freada e troca de direção.

Eu evoluía rapidamente e a diferença era visível dia após dia. Os treinamentos e as terapias alternativas iam fortalecendo o meu corpo e o meu espírito e eu ia me sentindo cada vez mais firme. Isso tudo reforçava a minha fé de que as coisas iriam dar certo. Um acontecimento que confirmou essa sensação de que algo especial estava acontecendo foi quando eu levei a primeira radiografia de controle da cicatrização do enxerto para o Dr. Camanho, menos de três meses depois. Naquela altura do tratamento, já estávamos bastante avançados – já havia iniciado rotinas de treinamento técnico, incluindo pequenos saltos e deslocamentos em várias direções com menos de um mês da cirurgia – e estava com um bom nível de preparação física. Mas sempre havia aquela tensão latente, por termos que tomar muito cuidado para não comprometer o enxerto. Pois bem, quando o Dr. Camanho examinou a radiografia do meu joelho, meio que boquiaberto constatou que o túnel feito no osso – por onde o enxerto foi colocado – já estava cicatrizado. Isso significava que meu corpo estava reagindo muito bem e, antes do que era esperado, já poderia passar para o terceiro estágio.

Agora era a hora de trabalhar para que eu conseguisse chegar às Olimpíadas em grande forma física e técnica. O prazo para isso era mais do que razoável, e o meu grande objetivo, desde o início, era conseguir me colocar numa condição que me permitisse jogar muito bem em Atlanta.

O primeiro torneio de que participei naquele ano foi a BCV Cup, na Suíça, em maio. Estávamos completando quatro meses de cirurgia e eu estava jogando com cerca de 70% da minha capacidade física. Ainda faltava ganhar desenvoltura nos deslocamentos e potência nos saltos, mas, apesar disso, joguei razoavelmente. Ficamos em segundo lugar – perdemos para Cuba – e, para mim, esse torneio foi a confirmação de que estávamos no caminho certo. O nosso prazo estava folgado, e nem o incômodo aparelho ortopédico que usava na perna poderia tirar a minha alegria por estar progredindo. O aparelho era um estrutura de plástico que envolvia a perna, uns 20 cm acima e abaixo do joelho, amarrada por tiras e velcros. A estrutura era articulada e ajudava a musculatura da perna a manter o joelho firme, evitando movimentos bruscos acidentais. Eu usava o aparelho nos treinos e jogos.

Na volta ao Brasil, continuamos com a mesma rotina de treinamento, já que, apesar dos bons resultados até então, ainda tínhamos muito que evoluir até alcançarmos a recuperação total. Na verdade, foram seis meses de muita ralação. Eu me lembro de que a primeira vez que eu tive dois dias seguidos de folga aconteceu lá pelo quarto mês de recuperação. No início, quando eu ainda estava treinando sozinha em São Paulo, eu chegava à academia às nove da manhã e não saía antes das cinco e meia da tarde. Mais tarde, quando já estava junto com o grupo da seleção, treinando no Rio, sempre chegava antes e saía depois. É claro que já havia feito isso várias vezes em outros momentos da minha carreira, mas nunca havia passado tanto tempo seguido dedicando tanto de mim a alguma coisa. A ocasião pedia tamanha dedicação, mas eu aprendi que o obstáculo se torna maior ou menor dependendo do quanto de si se investe para ultrapassá-lo e do porquê de querer ultrapassá-lo.

Essa maneira de encarar o meu destino acabou influenciando no comportamento do restante do grupo da seleção. Elas percebiam o meu compromisso pessoal de lutar até o último dia para estar bem nas Olimpíadas. No fundo, éramos como irmãs, e o nosso envolvimento emocional foi sempre muito grande. No esporte, o sucesso é muitas vezes medido pelas vitórias, pelas grandes atuações... Mas eu acredito que, independentemente do campo de atividade, o sucesso de cada um está na maneira com que você se dedica ao que faz, procurando se superar a cada dia. Colocando não só a ação, mas se entregando de coração. O resultado é conseqüência do processo. Não importava se faltavam seis meses ou quinze dias; eu encarava o trabalho da mesma maneira, com total concentração em cada movimento, procurando executá-lo hoje melhor do que ontem e pior do que amanhã, cumprindo, além da programação diária, sempre um pouco a mais.

Quando desembarcamos em Atlanta, eu estava tão ansiosa com a estréia e como nós nos sairíamos, que nem consegui curtir o gostinho de ter chegado lá. Eu não conseguia prestar muita atenção a toda aquela agitação que tomava conta do aeroporto, das ruas de Atlanta e da Vila Olímpica. Os milhares de atletas reunidos nas enormes tendas de credenciamento ainda dentro do aeroporto, os repórteres com suas luzes e câmeras, os complexos esportivos que avistávamos da janela do ônibus que rumava para a Vila, todos os policiais com seus detectores de metais e cachorros, o prédio da delegação brasileira, os nossos vizinhos... Eu via isso tudo, mas não conseguia me envolver com a mágica das Olimpíadas. Só conseguia pensar no nosso primeiro jogo.

Na verdade, muitas pessoas (médicos, técnicos, jogadoras etc.) não acreditavam que eu conseguiria. Isso não quer dizer que eu não recebi apoio, muito pelo contrário. Do meio esportivo e da imprensa, eu tive muito incentivo. As pessoas na rua me paravam para perguntar como estava indo a recuperação e se ia dar para chegar. A coisa tomou um vulto muito maior do que eu poderia imaginar e era uma faca de dois gumes. Ao mesmo tempo que era uma corrente positiva, havia por trás uma cobrança por aquilo que eu vinha dizendo que iria conseguir fazer. Além disso, mesmo que eu não quisesse, joelho era o assunto da hora, de todas as horas. Durante os treinamentos, no trânsito, no hotel, na rua, eram de vinte a trinta perguntas por dia no seguinte padrão: "E o joelho, vai ficar bom?"; "E o joelho, vai dar para jogar em Atlanta? Chegou um momento em que eu sonhava em me mudar para um planeta em que as pessoas não tivessem joelhos, só para variar.

O nosso primeiro jogo foi fácil, contra o Peru: 3 a 0. Perfeito para desmanchar a tensão de início. Já o segundo foi um show: 3 a 0 contra Cuba. A primeira bola do jogo foi um ace meu. Envolvemos totalmente as cubanas com um bons saques, bloqueios e contra-ataques, do início ao fim do jogo. Elas estavam assustadas com a nossa postura em quadra e não tiveram chance. Discutiam entre si e nem esboçaram aquela agressividade peculiar. A única baixa que tivemos nesse jogo foi a contusão da Hilma, que torceu e quebrou o pé. Quem assumiu sua posição foi a Virna, que teve um desempenho excelente durante toda a competição. Para a Hilma aquela contusão deve ter sido muito frustrante. Ela demorou mais de um mês para se recuperar da fratura depois de ter feito, contra Cuba, talvez a melhor partida da sua carreira.

Lutávamos para uma boa classificação nessa primeira fase, o que teoricamente facilitaria os cruzamentos da fase final. Se vencêssemos o jogo seguinte contra a Rússia, teríamos praticamente assegurado o primeiro

Durante treino em Atlanta, 1996

Brasil e Alemanha,
Olimpíadas de Atlanta, 1996

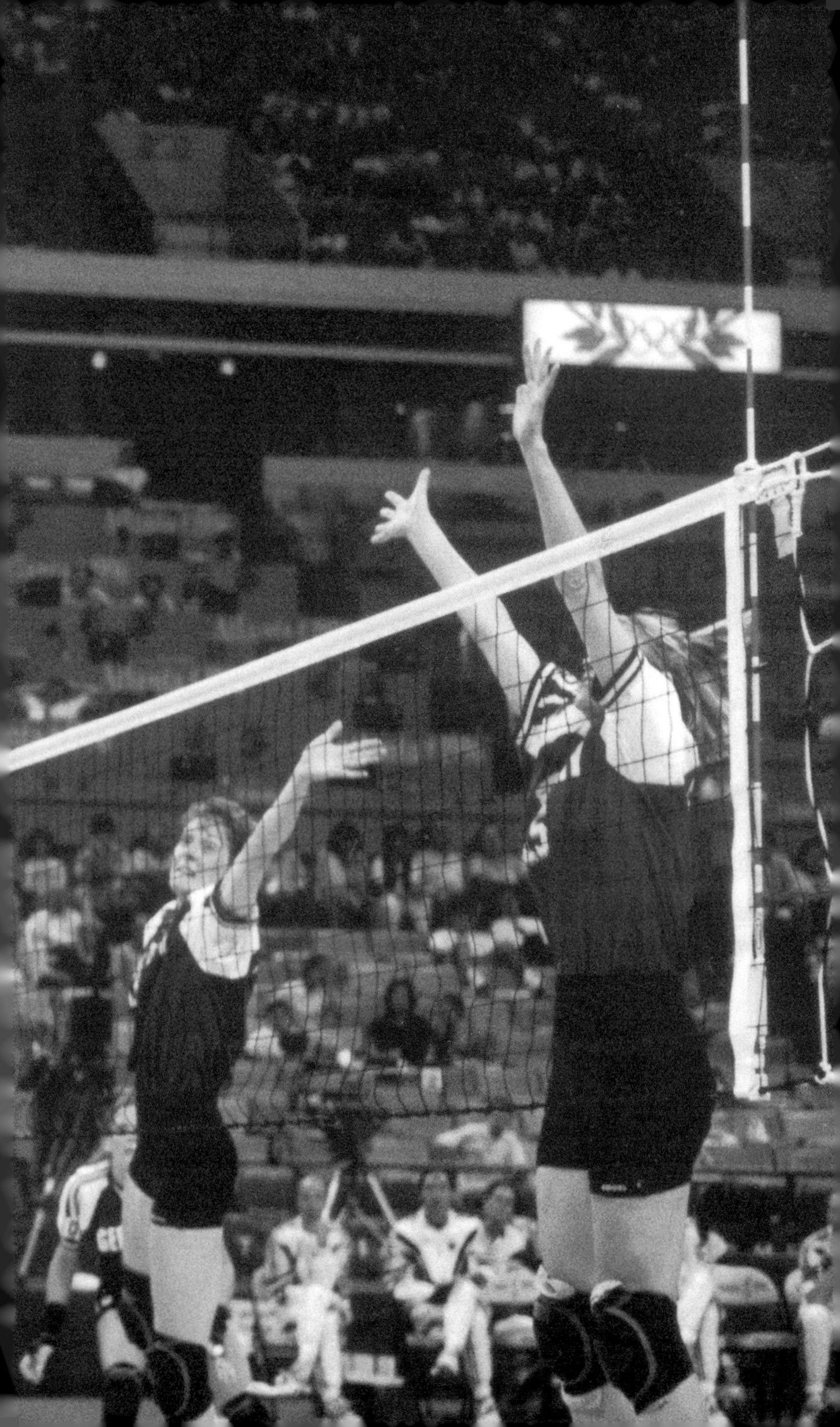

lugar, deixando Cuba em segundo. Se assim acontecesse, só voltaríamos a enfrentar as cubanas numa eventual final. Vencemos por 3 a 0 num outro show de saque, bloqueio e determinação. Tínhamos cumprido a nossa parte dentro do planejamento que nos levaria à final das Olimpíadas.

Na rodada seguinte, dois dias depois, algumas surpresas: perdemos nosso primeiro set na competição – na vitória de 3 a 1 sobre as alemãs – e Cuba perdeu sua segunda partida seguida, dessa vez para a Rússia, ficando com o terceiro lugar. Com esses resultados, confirmamos o primeiro lugar na primeira fase, mas, se passássemos pela Coréia nas quartas-de-final, enfrentaríamos nossas principais rivais já na semifinal.

E assim aconteceu. Como explicar essas coisas do esporte? Na época ouvi algumas pessoas do voleibol dizerem que as cubanas, depois da derrota contra o Brasil, teriam entregado o jogo para a Rússia exatamente para enfrentar-nos antes da final. Poderiam estar achando que, numa semifinal, de alguma maneira levariam vantagem emocional, ou melhor, estariam menos pressionadas e nós, mais vulneráveis. De qualquer maneira, o jogo foi uma guerra. Começou exatamente como o primeiro em que nos enfrentamos naquelas Olimpíadas: um ace meu. Mas, daí para a frente, nenhuma das duas equipes dominou grande parte das ações. Vencemos o primeiro set, perdemos o segundo, vencemos o terceiro, depois perdemos o quarto e o quinto sets.

Num jogo muito nervoso e cheio de provocações por parte delas, perdemos a chance de vencer o quarto set e fechar o jogo em 3 a 1. As provocações nunca foram desencorajadas pela arbitragem, o que acabou gerando uma tensão sem precedentes no voleibol feminino mundial. A cada bloqueio, a cada ataque que as cubanas colocavam no chão, comemoravam viradas para a nossa quadra, chamando para a briga. Isso tirava a nossa concentração e ia aos poucos nos desestabilizando pela irritação. Tivemos pelo menos três match points, mas paramos no bloqueio cubano e não conseguimos evitar o tie break. Foi uma grande frustração vê-las fechando o jogo por 15 a 13 no quinto set. Durante toda a partida, mostramos o que de melhor cada equipe tinha. No final, elas tiveram mais moral e nós baixamos a guarda.

Aí aconteceu a célebre briga que começou na quadra e foi acabar no corredor dos vestiários. Quando virei para a rede a fim de cumprimentar o time adversário, engolindo toda a tristeza de não termos conseguido chegar à sonhada final olímpica, estava no limite do meu estresse. Não pude agüentar as desbocadas cubanas darem continuidade à provocação que tinham mantido durante toda a partida. Quando Regla Bell insistiu em pular na minha frente berrando histericamente, puxei a camiseta dela por baixo da rede e, com o dedo em riste, exigi respeito por tudo o que estávamos representando naquele momento: anos de trabalho em busca desse objetivo; dedicação e as privações de cada uma de nós durante nossas carreiras; o nosso uniforme, que representa a nossa pátria e o nosso povo, que àquela altura estava sofrendo conosco. Bate-boca e empurra-empurra pra todos os lados, os técnicos dos dois times e o pessoal da organização tentando separar a mulherada, muitas toalhas servindo como armas de ataque. Depois que conseguiram tirar todas as jogadoras da quadra, a confusão voltou a esquentar quando nos cruzamos na porta do nosso vestiário. Ao final, nenhum ferido. Só a Filó, jogadora brasileira que mede 1,94 m de altura, estava no meio do bolo humano que se formou num dado momento, e era seguidamente atingida na cabeça (involuntariamente, é claro) pela muleta usada pela Hilma. Acordou cheia de galos na cabeça no dia seguinte. Já eu achei que tinha quebrado o pé, resultado de um chute que dei numa das cadeiras que estavam na quadra e que deviam pesar uma tonelada cada.

Esse não é um acontecimento que me dê orgulho, mas tínhamos que dar um basta àquela situação e, tenho certeza, fomos instrumento para aliviar a raiva de muitos. Ficamos tão envolvidas com aquilo tudo que demoramos a perceber como o público em geral também se abalou com todo o episódio. Quando voltamos ao Brasil, ouvia com surpresa as pessoas indignadas com a atitude das cubanas.

Dois dias depois de termos perdido a semifinal, disputamos a medalha de bronze contra a Rússia, que acabou sendo eliminada da final, surpreendentemente, pela China. Estávamos num momento psicológico péssimo e o tempo entre os dois jogos era curto para que recuperássemos a combatividade. Como era de esperar, o início da nossa disputa com as russas foi um desastre. Nada funcionava e, se algo não acontecesse, acabaríamos entregando o jogo facilmente. Já na metade do segundo set, Bernardinho começou a fazer as alterações que nos levaram a vencer aquele jogo. Primeiro colocou a Ida no lugar da Ana Flávia. Mais para a frente, lançou mão da Leila, no lugar da Márcia, e da Filó, no lugar da Virna. Elas deram a força, a vibração e a saúde de que o time precisava para superar aquele momento negativo. Essa partida também só foi decidida em cinco sets, mas dessa vez a vitória foi nossa. Foi um dos momentos mais emocionantes de muitos que esse grupo passou junto.

É difícil explicar o que um esportista sente, perdendo ou ganhando, numa competição importante como uma olimpíada ou um mundial. Os requisitos de um vencedor são vários, começando pela aptidão física, passando pelo treinamento e pela evolução das habilidades, até o preparo mental. Quando se trata de uma competição qualquer, temos que trabalhar muito bem todos esses requisitos, mas quando o objetivo é olímpico, o trabalho mental (ou emocional) é determinante.

Nas derrotas que a seleção brasileira sofreu em torneios desse tipo sempre me veio uma sensação de falta de "merecimento". O fato de sermos populares aqui no Brasil e, algumas vezes, termos potencial para ir mais longe nunca nos garantiu nenhuma conquista. O que era uma sensação, com a experiência virou certeza: o que transforma um indivíduo, ou um grupo, em campeão olímpico ou mundial é a sua força mental. A maneira como, no período da competição, o atleta consegue focalizar todo o seu potencial, toda a sua vontade, direcionar toda a sua energia num só objetivo, sem nenhum desvio, como um raio laser. A mente e o coração – que encerra os desejos da alma – ordenam e o corpo executa.

E o desejo da alma é o motivo que faz com que a pessoa se entregue a uma preparação exigente, dia após dia, por anos a fio.

A medalha de bronze, em Atlanta, teve sabor de ouro. Não somente para nós do grupo, mas tenho a impressão de que o público vibrou como se tivéssemos realmente vencido as Olimpíadas. Para mim, foi a batalha mais difícil que eu enfrentei e a conquista mais importante da carreira.

Termos subido ao pódio numa olimpíada marcada pela conquista das mulheres brasileiras – o basquete foi prata, o vôlei de praia foi ouro e prata – foi muito importante para o voleibol feminino. Na verdade, internamente o vôlei feminino não vivia um bom momento econômico. Quando a temporada 95/96 acabou, em maio daquele ano, alguns patrocinadores se retiraram sem que outros os substituíssem. Além do cancelamento desses patrocínios, o ranqueamento das atletas para a temporada seguinte limitaria ainda mais a concentração de atletas de ponta numa mesma equipe. Esse ranqueamento – sistema, criado pela Confederação Brasileira de Voleibol, que pontua os jogadores de acordo com

Bernardinho sendo carregado após a conquista da medalha de bronze em Atlanta, 1996

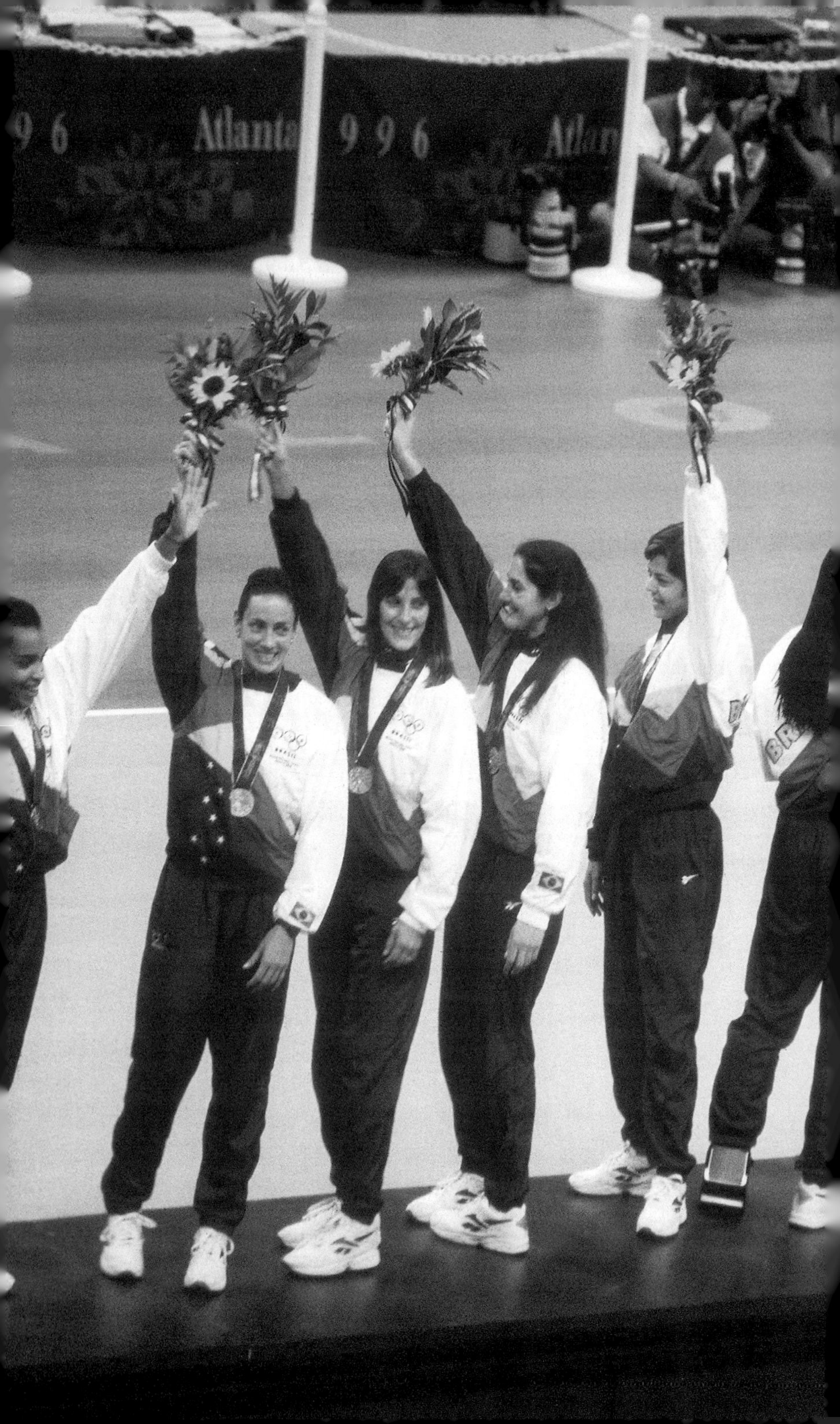
9 6
Atlanta
9 9 6
Atlan

No pódium com
a medalha de bronze,
Olimpíadas de Atlanta, 1997

o seu nível, assim como limita o número de pontos que uma equipe pode acumular, somados todos os jogadores contratados – existe desde 91. Foi a maneira que a CBV encontrou para evitar que equipes que tivessem mais poder econômico pudessem contratar superequipes, diminuindo a competitividade. As atletas da seleção, principalmente as titulares que tinham as maiores pontuações, não poderiam se agrupar numa mesma equipe. No máximo, duas por time. No Leite Moça jogávamos a Fernanda, Ana Paula e eu, quando só poderiam jogar duas de nós. Acabei ficando de fora daquele time e, como não tinha boas propostas, resolvi apostar num bom desempenho da seleção nas Olimpíadas. Se nos saíssemos bem, teríamos boas chances de conquistar novos patrocinadores.

Depois das Olimpíadas, rapidamente as seis jogadoras da seleção que ainda estavam sem equipe se transformaram em ponta de novos projetos em São Caetano e Belo Horizonte. Foi um momento muito positivo, reforçado pela conquista do Grand Prix logo um mês depois.

Esta foi outra história, outras contusões e mais uma briga com as cubanas, dessa vez bem mais feia. O Grand Prix é uma competição de três finais de semana seguidos de torneios classificatórios por países da Ásia, mais um quadrangular decisivo na China. É claro que a nossa preparação tinha sido feita com o pico previsto para acontecer nas Olimpíadas. Pelo longo período de viagem, alguns problemas musculares pipocaram aqui e ali.

Joguei quase todas as partidas da fase classificatória. No penúltimo jogo da fase final, contra a China, a minha musculatura da perna direita (aquela da cirurgia antes das Olimpíadas...) não agüentou e quase torci o joelho novamente. A cirurgia e a recuperação tinham sido muito bem-feitas e nada de sério aconteceu, só uma pequena lesão no menisco. Na volta, tirei de letra a artroscopia e em vinte dias já estava treinando normalmente. Peguei a manha.

Voltando ao Grand Prix, na sexta-feira vencemos Cuba, a mesma equipe que nos tinha tirado um lugar na final olímpica. Quando o jogo acabou, a Ana Paula se virou para a rede fazendo gestos de deboche em direção à quadra cubana. O episódio de Atlanta gerou repercussões negativas para o esporte cubano. O técnico bicampeão olímpico, Eugênio George, foi afastado do seu cargo e substituído pelo seu auxiliar Antônio Perdomo. Elas estavam calmas e, nas duas vezes em que nos enfrentamos durante as quatro semanas de Grand Prix, não esboçaram nenhum comportamento como o que tiveram em Atlanta. Pareciam feras enjauladas, e a Ana acendeu o estopim. Dizem que aquela maneira agressiva e debochada de jogar era ensaiada nos treinamentos. Era como treinar tal sistema defensivo para jogar contra tal equipe. Para jogar contra o Brasil, elas treinavam o sistema "baixaria" de jogar.

O resultado foi uma confusão geral na quadra, envolvendo principalmente a Ana Paula, a Filó e alguns membros da comissão técnica que procuravam proteger as meninas das cubanas enfurecidas, comandadas por Regla Torres, a meio-de-rede de quase dois metros de altura. Foi o dia em que a Filó salvou a Ana Paula de levar um belo sopapo da Torres. Foi o dia também do basta da Federação Internacional. Além de um ultimato em alto e bom som da primeira-dama da FIVB, Malu, no nosso vestiário, fomos punidos com a suspensão das duas acima pelo restante da competição. Sem as duas, vencemos a China por 3 a 2 no dia seguinte. Machuquei no terceiro set e fui direto para o vestiário. Fiquei muito assustada na hora e acabei deixando todos preocupados. No jogo de domingo contra a Rússia, eu nem fui ao ginásio, pois não conseguia andar. Sem Ana Paula e Filó, suspensas, nosso time jogou com três reservas, sendo que uma era levantadora e outra era o líbero. O jogo não estava sendo transmitido na TV do hotel, por isso fiquei ligando para o Brasil set a set e acompanhei por telefone o final do tie break. O hotel ficava a cinquenta metros do ginásio, e as meninas vieram correndo logo depois da vitória. Entraram todas no meu quarto e fizeram a maior bagunça. Coisas que não se esquecem...

Desembarque no aeroporto de Cumbica (SP), 1996

A fama e o sucesso

Esses temas são intrigantes e controversos e, para mim, não é nada fácil escrever a respeito. Por isso, peço permissão para colocar nestas próximas linhas algumas das minhas dúvidas e certezas a respeito do que é viver uma vida pública. Gostaria de compartilhar com vocês um pouco da minha angústia num campo em que nunca fui craque. Talvez juntos cheguemos a alguma conclusão.

O ponto mais negativo que as conquistas me trouxeram foi o fato de não poder mais passar anônima pelas atividades mais corriqueiras da vida. Sou tímida e, fora das quadras, não gosto de chamar a atenção. É uma sensação incômoda entrar num shopping center, num restaurante, numa boate, num supermercado, na praia, ou até dirigindo pela cidade, e sentir os olhares me acompanhando. Nunca consegui lidar bem com isso. Por muitas vezes fantasiei ter uma máscara, como disfarce, para ser usada dentro da quadra. Nas outras horas do dia, seria uma pessoa comum e seria tratada como tal. Afinal de contas, é assim que me vejo: nem melhor, nem pior do que ninguém.

Tenho os mesmos desejos, as mesmas carências, as mesmas virtudes, pequenos e grandes pecados, como qualquer outra pessoa. Por que então ser vista com tanta diferenciação pelos outros, como se fosse uma extraterrestre? Quando estou fora do meu ambiente de trabalho e alguém vem me pedir um autógrafo ou uma foto, normalmente sinto muito mais vergonha do que a própria pessoa que está fazendo o pedido. Costumo andar rápido, com a cabeça baixa, torcendo para não ser reconhecida. É algo que não consigo controlar, e muitas vezes confundem esse meu mal-estar com convencimento, com desprezo. É uma pena, porque não sei como resolver essa questão.

Gosto de fazer bem o meu trabalho e gosto quando isso influencia positivamente aqueles que me cercam, ou me assistem. Sei o poder que o esporte tem de emocionar e envolver as pessoas. Por isso, muitos tipos de assédio me tocam fundo – principalmente os mais simples – enquanto outros chegam a me entristecer. Eu não jogava vôlei para ser vista como maravilhosa, para ser clicada e filmada, para ser notícia, para ganhar dinheiro com a fama. Joguei porque era uma apaixonada, porque aprendi a importância do esporte na minha vida, porque a competição é um vício, porque, antes de desafiar os outros, desafio meus próprios limites. Os torcedores me auxiliam a vencer as batalhas diárias, e a melhor recompensa que posso dedicar a eles é a minha atenção sincera e o melhor do meu desempenho.

Um dia desses, estava com o meu carro parado num farol movimentado de São Paulo, e uma senhora, devia ter uns sessenta anos, quase sem dentes, estava pedindo esmola. Eu a vi de longe, peguei uns trocados, abri o vidro esperando ela se aproximar. Ela me viu, abriu um sorriso e, quando chegou perto do carro, me reconheceu e disse: "Você não é aquela moça que joga vôlei?" Eu respondi que sim e ela: "Eu rezei tanto para você ficar boa do seu joelho..." Levei um susto, pois fazia mais de dois anos da minha contusão antes de Atlanta. Chorei sem conseguir me controlar. Essas coisas fazem todo o esforço, todas as privações e as frustrações virarem pó. Comparado com as dificuldades que aquela senhora já deve ter passado na vida, do que é que eu posso reclamar? Mesmo assim, ela se preocupou comigo e foi tão sincera e singela naqueles segundos em que conversamos que me marcou profundamente.

Outras pessoas me fazem sentir um mero objeto. Elas são os patrões, eu sou a serviçal. Me ordenam atenção e eu respondo "Sim senhor!" A posição de pessoa pública me impede de agir diferentemente. Parece que querem me usar para suprir suas carências, não me tratam como uma pessoa, mas como um tipo de suvenir ou uma atração turística. Essas pessoas me deixam vazia, sugam a minha alma. Pessoas como aquela senhora do farol me enchem de vida. Não querem tirar nada de mim, querem sim compartilhar emoções, sentimentos.

A humanidade em cada um não se mede pelo seu poder, por quanto dinheiro se tem no banco. Ao contrário, muitas vezes o poder distancia as pessoas da sua essência, deixa a noção de realidade fora de foco. Ninguém é melhor do que ninguém! Ao mesmo tempo, de uma certa maneira, cada um deve buscar se sentir a pessoa mais importante do mundo e se amar profundamente. Esse é um aprendizado que dura a vida toda e não está no próximo, mas sim dentro de cada um de nós.

Muitas pessoas me inspiram, algumas famosas, outras nem tanto. Uma vez encontrei Ney Latorraca num evento. Nosso encontro foi engraçado porque, olhando de longe, queria me aproximar, mas estava sem graça. Ele disse, depois, que estava se sentindo da mesma forma. De uma maneira geral, quando uma pessoa me vê, ela está em vantagem. Ela me conhece, pois estou sempre entrando na casa dela pela TV e por jornais, e isso a faz sentir-se íntima, eu entendo esse sentimento. Foi o que aconteceu com o Ney naquele encontro, e nenhum dos dois queria fazer o outro se sentir, de certa forma, invadido com aquele excesso de intimidade. Confessamos, um ao outro, o que estava se passando e acabamos dando boas risadas a respeito.

Outra situação que me deixa meio perdida é não saber o nome das pessoas com quem converso. Muitas vezes, o tradicional protocolo de apresentações não se faz necessário, pois elas já me conhecem e não sentem a necessidade de se apresentar. Ficam sorrisos e palavras gentis, mas também um incômodo vazio, como se faltasse alguma coisa.

Também não entendo muito essa necessidade de idolatrar alguém, não acho isso saudável. Na verdade, amor demais sempre me incomodou, assim como também ver algumas pessoas de destaque nas suas áreas serem perseguidas por legiões de cegos admiradores. É como viver sua vida através da vida dos outros, em vez de construir sua própria história de lutas, vitórias e derrotas. Uma coisa é admirar alguém pelo seu carisma e/ou por suas atitudes, se espelhar nas qualidades de um sem-número de pessoas; outra coisa é viver em função dessas pessoas, nem que seja somente por um período de tempo, deixando que o brilho desses ídolos ofusquem o seu próprio brilho pessoal.

Viver debruçada sobre revistas de fofoca, devorando tudo a respeito da vida – pessoal, principalmente – de pessoas públicas, para mim é perda de tempo e energia. É como viver num conto de fadas. É claro que um pouco de fantasia tempera a nossa existência, mas tudo o que é demais vira prejudicial. Além do que, a fofoca, em especial, tem um quê de inveja, de despeito travestido em admiração. "Fulana é muito talentosa! Mas não é tão santa e, dizem, engana o marido..." Ou então: "Beltrano joga um bolão! Mas, não sei não, acho que não vai durar muito. Ouvi falar que passa as noites na farra!" Acho que é por isso que falamos em "destilar o veneno" quando nos referimos à fofoca. No fundo, falar mal dos outros é um vício que pode até virar um câncer.

Talvez seja um mal do capitalismo, com cada um usando de todas as armas para a sua sobrevivência. No esporte, onde a competição é fortíssima e diária, também existem maldade e fofoca. É fácil as pessoas olharem você querendo derrubá-lo para tomar o seu lugar e, quem for esperto, se protege como pode. Por outro lado, existem aqueles que usam dessa avidez pública por novidades para criar suas próprias historinhas e alimentar uma notoriedade em cima disso. Acho isso mais triste ainda, e aí entra a parte da culpa que cabe à imprensa, que muitas vezes não tem escrúpulos nem perde as oportunidades de faturar com essas atitudes. Mas, como já disseram, você pode enganar uma pessoa por muito tempo, ou várias pessoas por pouco tempo, mas nunca enganará a todos o tempo todo. Por isso e por outras que eu fico com a verdade, ou então com o silêncio.

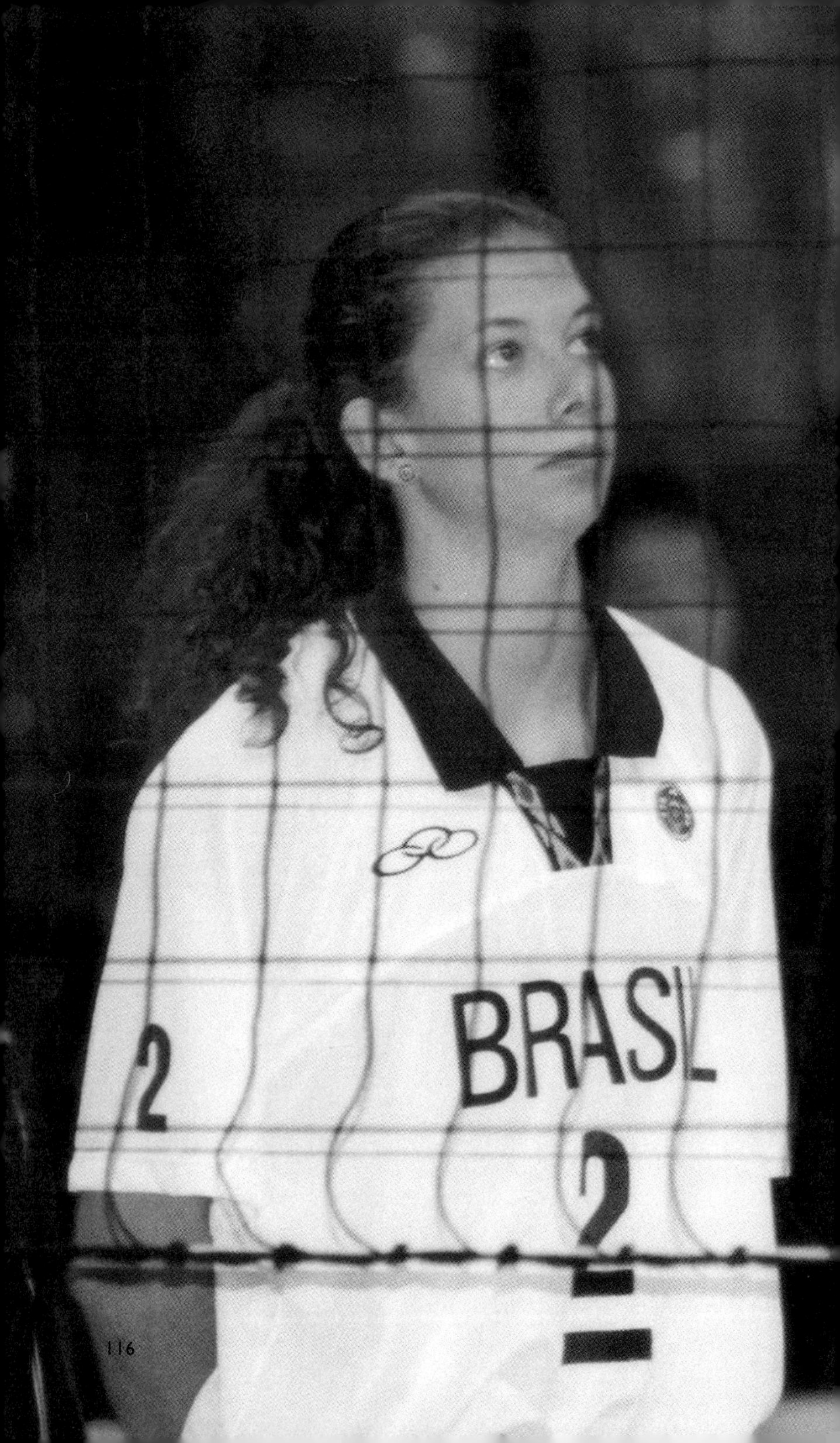
BRASIL
2
2

1997

No ano de 97, tivemos uma temporada internacional "morna". Por decisão da Confederação Brasileira, não participamos do Grand Prix da Ásia. A seleção jogou apenas a BCV Cup, o Sul-Americano e uma copa no Japão (Super Chalenge Cup), no final do ano, com os seis países mais bem ranqueados. Nessa temporada, a seleção não pôde mais contar com a Márcia Fú, que tinha decidido não jogar mais pelo time. A Fú é uma craque, com uma malícia de jogo invejável. Apesar dos folclores que sempre a rodearam, ela foi a jogadora em quem eu mais confiei dentro da quadra, e acho que ela se sentia da mesma maneira quanto a mim. Nos jogos difíceis, nas horas de aperto, olhar para o lado e vê-la em quadra sempre foi um prazer. Jogadoras como ela são difíceis de aparecer.

A Ana Paula também não participou da temporada por estar se recuperando de uma fissura no osso da tíbia, causada por estresse. Outras somente disputaram o torneio no Japão, como a Fernanda, a Ida – que marcou lá a sua despedida da seleção – e eu. Ficamos em terceiro nesse torneio – perdemos para Cuba e Rússia.

Não tivemos um rendimento ruim, mas sentimos falta de mais ritmo de jogo, por termos passado praticamente um ano fora do circuito internacional. Ficou claro para todos que a seleção não conseguiria se preparar bem com as jogadoras participando somente de competições nacionais. Mesmo com campeonatos disputados e vários times fortes disputando a Superliga, a exigência é muito diferente do que encontramos em competições internacionais. Muitas vezes nos enganamos a respeito das nossas reais condições. Eu costumo dizer que, contra um time mais fraco, qualquer coisa que se faça dá certo. Só se consegue checar qual o nível verdadeiro de um time quando ele é testado contra uma equipe realmente forte.

Ao mesmo tempo, algumas jogadoras já estavam havia anos nesse ritmo de treinamento, jogos e viagens e já não tinham a mesma motivação de antes. E sem motivação, nem o melhor planejamento do mundo pode fazer um efeito positivo sobre um grupo. Por isso o Bernardo optou por trazer algumas meninas que havia tempo não participavam da seleção, como a Cilene e a Ana Paula Lima, dando uma folga maior para outras.

Para mim essa quebra na rotina da seleção foi uma experiência muito produtiva, pois tive mais tempo para me dedicar a outros projetos. O interesse dos patrocinadores no feminino aumentara muito depois de Atlanta e, juntamente com o Zé Roberto Guimarães (ex-técnico da seleção masculina, campeão olímpico em Barcelona), coloquei meu nome para ancorar uma nova equipe que seria mantida pelo Laboratório Aché, localizado em São Paulo, que prometia pelo menos dois anos de investimento num time de ponta. Em contrapartida, estariam lançando no mercado um polivitamínico e usariam o nosso projeto esportivo para alavancar as vendas do produto. A estrutura da equipe se concentraria no Centro de Treinamento do próprio Zé Roberto, com excelentes condições de treinamento, além da manutenção de equipes femininas em categorias menores. Era um sonho, pois seria a chance de montarmos uma estrutura quase perfeita, em que o foco seria não somente a equipe principal, mas também a formação de novas atletas, além do próprio projeto de marketing esportivo que viabilizaria isso tudo.

Seria também a primeira vez que trabalharia diretamente com o melhor em preparação física e trabalhos corporais, o José Elias de Proença. Mas nem tudo é perfeito e é incrível como as aparências enganam. O processo burocrático e de formação da equipe demorou um pouco, e logo depois de assinarmos os contratos de dois anos, já com a temporada em andamento, o Laboratório deu sinais de que as coisas não seriam exatamente como esperávamos. A primeira atitude deles foi o afastamento do Paulo Guerra, responsável pelo projeto de marketing esportivo. Nunca conseguiram explicar direito os motivos desse afastamento; mais do que isso, dali para a frente não conseguiram explicar mais nada, nem cumpriram os acordos de apoio às equipes de categorias menores que o Zé Roberto já vinha mantendo em atividade no Centro. Vencemos o Campeonato Paulista naquela temporada e ficamos em quinto na Superliga.

Antes mesmo de voltarmos das férias, o Laboratório nos comunicou que não continuaria mantendo o patrocínio ao time. Disseram que foram enganados, que não conheciam o universo esportivo, esperavam um certo retorno que não aconteceu por conta de promessas – feitas por pessoas da área esportiva – que não foram cumpridas. Na verdade estavam quebrando o contrato de dois anos que assinaram com todos os membros da equipe, mas nunca assumiram isso. Criaram empecilhos para nos forçar a entrar em acordo, do contrário não liberariam a nossa transferência para outras equipes. Como uma briga na Justiça levaria muito tempo, mesmo com prejuízo todos nós assinamos a revogação dos contratos.

A boa notícia é que não demorou muito para aparecer uma universidade, a Universidade Guarulhos, interessada em bancar a equipe. A má notícia é que esse novo patrocinador foi aos poucos se atolando em dívidas por conta de outros empreendimentos. Depois de pouco mais da metade da temporada, pararam de pagar salários, aluguéis, impostos e até taxas e despesas da CBV e da Federação Paulista, isso tudo enquanto já estávamos participando da Superliga. Chegamos a levantar uma boa grana entre os membros da equipe, para que pudéssemos pagar a arbitragens dos jogos, as passagens aéreas e as despesas dos hotéis e continuássemos disputando o campeonato.

Na tentativa de abrir novas equipes que pudessem incrementar o cenário e criar mais oportunidades de trabalho para mais profissionais da área, acabei dando com os burros n'água por dois anos seguidos. Mas valeu a experiência! Pude aprender (na pele) um pouco mais da selva que é a vida moderna, onde a palavra que se empenha não é o mais importante. Hoje em dia, se faz quase qualquer coisa em nome do lucro e da vaidade individual. É triste, mas é verdade.

O esporte amador brasileiro depende do investimento de empresas, que patrocinam os atletas em troca de visibilidade. O atleta acaba, muitas vezes, incorporando o discurso das empresas que o patrocinam. A marca que o atleta carrega no uniforme agrega ao seu nome toda a emoção do esporte e das conquistas. O público que assiste às competições, que acompanha as notícias dos seus ídolos acaba identificando positivamente essas marcas. Por isso a imagem de quem patrocina o esporte é sempre muito boa.

O voleibol foi o primeiro esporte a se estruturar dessa maneira. Desde o início da década de 80 – com a Pirelli, Atlântica Boavista, patrocinando os homens num primeiro momento – os times são profissionais. Algumas empresas patrocinam clubes, outras criam seus próprios clubes, sem precisar dividir o nome do time com ninguém. A primeira equipe profissional de que participei foi a Transbrasil, em 1985. Ainda estávamos no início do relacionamento com as empresas, pois a primeira equipe feminina patrocinada – a Supergasbrás – tinha surgido somente dois anos antes. Desde aquela época, as empresas pagam os salários dos jogadores – inclusive enquanto estes servem a seleção brasileira – e comissão técnica, além da infra-estrutura, que inclui taxas e despesas gerais. No meu primeiro ano como jogadora profissional, depois de poupar por vários meses, comprei um carrinho usado, em sociedade com a minha irmã, que também jogava. De lá para cá, tudo evoluiu muito, desde o número de patrocinadores até o montante dos investimentos. Hoje, os principais jogadores podem comprar até dois carros iguais àquele meu somente com o salário de um mês.

Esses investimentos foram os pilares da evolução do voleibol brasileiro. Com a segurança financeira garantida, os atletas puderam se dedicar exclusivamente ao esporte, aumentando muito o nível técnico. Mas o reconhecimento do público só veio mesmo com os bons resultados obtidos pelas seleções brasileiras e com a cobertura das grandes redes de televisão. As pessoas vibravam com as conquistas da seleção e quando a temporada internacional acabava iam aos ginásios torcer pelos seus ídolos que vestiam uniformes de empresas. Como esses patrocínios iam e vinham, os times mudavam de camisa com certa constância, o que sempre dificultou uma maior identificação do público com os clubes. Com isso, ao contrário do que acontece com o futebol, os torcedores do voleibol seguem muito mais seus ídolos do que as próprias equipes.

Por isso dependemos tanto dos resultados das seleções, pois é com a camisa verde-amarela que acabamos criando e cultivando nossos ídolos. Enquanto a estrutura do voleibol não encontrar um caminho que aproxime os torcedores dos clubes, que crie laços mais fortes e duradouros, vamos continuar com essa realidade. Apesar de essa fórmula perdurar por quase duas décadas, a cada crise econômica que o país enfrenta corremos o risco de ver desmontada boa parte da estrutura. Além disso, o público está cada vez mais exigente e já não aceita mais ver a sua paixão misturada com estratégias de marketing, pelo menos não assim tão facilmente.

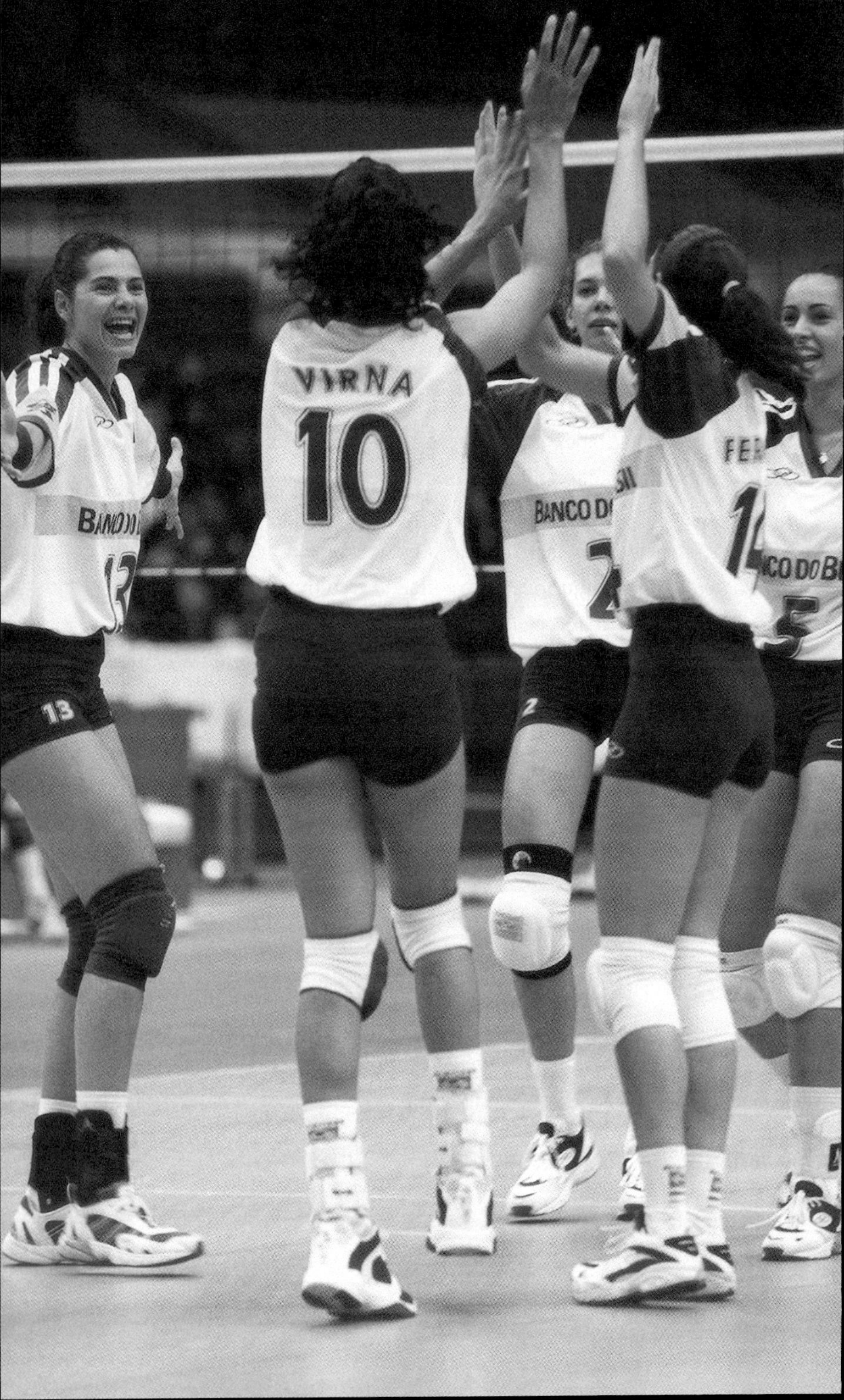
VIRNA
10
BANCO DO

Os cinco mais...

As cinco maiores vantagens de jogar vôlei...

☺ Brincar de bola com a turma e ainda ser pago por isso. ☺ Viajar pelo mundo e conhecer outras culturas. ☺ Ter a oportunidade de se fazer ouvir por ser popular e ter a atenção pública. ☺ Ter o poder de emocionar, de tocar as pessoas e até mesmo influenciar o comportamento delas. ☺ Vestir a camisa da seleção e defender o Brasil.

As cinco maiores desvantagens de jogar vôlei...

☹ Brincar muito de bola e acabar se machucando. ☹ Quase não parar em casa, pois se passa boa parte do ano viajando, ou concentrado em hotéis. ☹ Perder privacidade por ser popular. ☹ Ter que aprender a lidar com a responsabilidade de ser ídolo e a preocupação de dar bons exemplos, principalmente para os mais jovens. ☹ Ser obrigado, algumas vezes, a se submeter a posturas ou atitudes com as quais não se concorda, mas que fazem parte da política que envolve a seleção brasileira, os clubes, federações, confederações etc.

As cinco melhores viagens...

☺ Em 86, com o time da Transbrasil, quando fizemos uma excursão para os Estados Unidos. Passamos uns dias treinando e jogando contra a seleção americana em San Diego, Califórnia. Depois fomos para Seattle, sede da fábrica da Boeing, para acompanhar a viagem de um avião 737 que a Transbrasil levaria ao Brasil. O Inaldo, que era o técnico, fez uma programação supertranqüila. Era a minha primeira viagem ao país e passeamos muito, principalmente em San Diego, que é uma cidade linda. Fomos à praia, ao Sea World, ao Zoo de San Diego, à Disneyland, fizemos compras... Eu era uma das mais novas do time e me diverti muito.

☺ Em 92, com o time do Colgate/São Caetano, para disputar o Sul-Americano de clubes em Lima, Peru. Nós tínhamos acabado de perder a Liga Nacional para o L'Acqua de Fiore/Minas, que seria o nosso principal adversário também nesse campeonato. O técnico do time era o Sérgio Negrão, que armou uma mudança tática radical no time para tentar surpreender as mineiras. Acabou dando certo, vencemos o Minas e o Sul-Americano. Depois do campeonato, passaríamos um dia inteiro em Lima esperando o vôo de volta ao Brasil. Para comemorar o título, armamos um rafting num lugar a cerca de duas horas da capital. Eram três barcos, onde se acomodaram quase todas as meninas do time, mais os técnicos, o chefe da delegação e até o secretário de Esportes de São Caetano, que nos acompanhava na viagem ao Peru. Ninguém nunca tinha feito um rafting antes, e os instrutores começaram a passar os procedimentos. Não estávamos esperando muito mais do que um passeio rio abaixo, mas na primeira curva começaram as fortes corredeiras e, depois, foram 45 minutos de loucura. Uma hora olhei para o barco que vinha atrás do meu e os oito ocupantes estavam na água. Na verdade, praticamente todos foram lançados ao rio em algum momento, e até fazia parte da brincadeira ir recolhendo os náufragos. No final, eu tinha tanta adrenalina no corpo, que quase saía pelos poros. Na volta a

Lima, encontramos o time do Minas no hotel e parecíamos umas alucinadas contando nossa aventura. As mineiras não entenderam muita coisa, mesmo porque tinham passado o dia de folga visitando museus e igrejas.

☺ Nas Olimpíadas de Seul e de Barcelona, os nossos jogos começaram dois dias depois da abertura dos jogos e, por isso, pudemos participar dessas festas. Em Seul foi emocionante por ser a primeira, mas em Barcelona a cerimônia foi mais bonita. No desfile das delegações, na hora de entrar na pista do estádio, o coração batia forte e todos fizeram a maior festa. Na TV aparecemos somente alguns segundos, mas até chegarmos à nossa posição no campo seguimos por mais uns trezentos metros fazendo "olas" e levantando o público nas arquibancadas. Nós entramos pouco antes da metade da cerimônia e ficamos no campo até o final. A maioria dos principais atletas do mundo estavam reunidos naquele espaço. Estavam lá Magic Johnson, Scott Pipen, Carl Lewis e tantos outros. Os atletas participaram de parte das evoluções e coreografias, todos misturados dentro do campo. Na hora de acender a pira olímpica, quando de cima do palco aquele arqueiro espanhol acendeu uma flecha na tocha, armou a flecha em chamas num arco e atirou-a em direção à pira, que estava no alto do estádio, estavam todos enfeitiçados. A flecha fez uma longa parábola e ascendeu para a pira olímpica, levantando ovações por todo o estádio. Foi um momento mágico e nem importou descobrir depois que a flecha teria passado sobre a pira e caído fora do estádio. ☺ Já fiz quase vinte viagens ao Japão. É um país interessante, mas não constaria da minha lista de lugares para ir passear, apesar de Tóquio ser uma história à parte. Além do bairro Akihabara, que é um paraíso para quem quer comprar equipamentos eletrônicos, existe Ropongi, uma concentração de bares e boates freqüentados por todo tipo de gente, desde punks até modelos internacionais. Em 97, quando a seleção esteve jogando por lá, resolvemos experimentar. Quase o time inteiro saiu junto do hotel em direção ao lugar, mas, chegando lá, acabamos nos dividindo em grupinhos, seguindo cada um para um lado.

Eu estava com mais umas quatro meninas, um mapa na mão, mas sem idéia de onde ir. Olhei para o mapa, apontei um lugar qualquer e disse: é aqui. O lugar era num porão de um prédio, escuro, pequeno, mas a música era ótima e estava cheio de gente bonita. Tinha até alguns modelos brasileiros que estavam trabalhando por lá. No final da noite, todos os grupinhos que tinham se dividido no início acabaram caindo naquela boate e nos divertimos muito. Eu recomendo: passando por Tóquio, não deixe de conhecer Ropongi. ☺ O Inaldo era um técnico que sempre gostou de organizar algumas atividades diferentes para quebrar um pouco a programação normal. Às vezes fazíamos um churrasco, às vezes íamos para o Guarujá treinar na praia, ou fazíamos algum passeio. Numa viagem à China, ele separou um dia para que fôssemos visitar a Grande Muralha da China. A visão da magnitude dessa construção é uma das coisas mais marcantes da minha vida.

As cinco maiores roubadas...

☹ Em 90, numa excursão pela Rússia, para jogar um torneio entre vários países, passamos por vários apertos. Primeiro por causa da comida, que era pouca e de aparência sempre muito suspeita. E não importava se tínhamos dinheiro, pois não havia o que comprar, e passamos a maior parte do tempo comendo ovo cozido e coalhada. Conhecemos Cheliabinski, uma cidade com mais de um milhão de habitantes, que até aquela época não tinha recebido muitos estrangeiros. Não dava para chamar exatamente de hotel aquele lugar em que ficamos hospedados. Os quartos eram minúsculos, era verão, o sol nascia às quatro da manhã, ainda brilhava às onze da noite e não havia cortinas – o que era ótimo para uma boa noite de sono. No banheiro, várias baratinhas se escondiam correndo quando acendíamos a luz. De frente para o meu quarto, havia uma árvore enorme que soltava umas penugenzinhas que infestavam tudo, principalmente porque tínhamos que deixar as janelas do quarto abertas para não morrermos de calor. Para piorar ainda mais, eu torci o pé enquanto estávamos em Cheliabinski – nunca vou esquecer esse nome – e fiquei dois dias inteiros dentro do quarto sem conseguir andar. Terminamos a viagem em Moscou, num hotel basicamente freqüentado por atletas, locais e estrangeiros, de passagem pela capital. No dia em que chegamos, aconteceu um assassinato no restaurante do hotel. Ficamos sabendo que era acerto de contas entre gangues rivais, coisas da máfia russa. O sangue ficou manchando o chão, na frente dos banheiros, até o dia em que fomos embora. ☹ Numa outra viagem à China, já em 94, fizemos amistosos contra as chinesas, cubanas e russas de norte a sul do país. Viajamos até num trem noturno, balançando por onze horas, parando de estação em estação. Quase não dormi e ficava olhando a paisagem, que não mudava muito: campos e mais campos de plantação, umas poucas casas, muitas bicicletas... Quando chegamos ao nosso destino, não havia estação. Descemos do trem direto ao lado dos trilhos, passando por mais dois, até alcançarmos uma multidão que se aglomerava à beira dos trilhos esperando os trens que iam e vinham. Isso tudo carregando a nossa bagagem, que incluía malas, bolas, câmera e videocassete, aparelhos para fisioterapia... Além disso tudo, como a viagem iria ser longa e nunca se sabe que condições de treinamento encontraríamos, o Zé Inácio – preparador físico da seleção – mandou construir uma caixa de madeira, com rodas e duas alças, grande o suficiente para transportar uma bicicleta ergométrica, alguns pesos de mão e outros instrumentos que usaríamos na preparação física. A caixa acabou ficando muito pesada e as rodinhas quebraram no aeroporto do Rio, antes mesmo da nossa partida. As alças eram muito pequenas, e os homens da comissão se revezaram carregando aquela "mala" durante um mês. Suavam em bicas nos vários embarques ou desembarques. A comida também foi um problema, pois nunca sabíamos exatamente o que estava sendo servido. Numa cidade, no discurso de boas-vindas, o anfitrião enalteceu a cozinha da região, muito vasta e famosa dentro da China. Disse que ali se comia tudo que voasse, andasse, nadasse ou rastejasse. Imagine com que desconfiança passamos a encarar as refeições... ☹ Antes das Olimpíadas de Barcelona, estávamos treinando em Brasília e fizemos um jogo-treino de titulares contra reservas, no Sesi de Taguatinga. Era 1º de maio e havia muita gente no clube desde cedo, participando das comemorações do Dia do Trabalho. O ginásio estava lotado, mas já no aquecimento começamos a notar que alguma coisa não estava certa. Parecia que as pessoas não estavam ali para torcer, nem muito interessadas no jogo. Xingavam quando errávamos, nos chamavam de gostosas, p..., filhas da p... e daí pra baixo. Quando acabou o jogo, assim que caiu a bola do último ponto, saímos correndo para o vestiário. As primeiras entraram ilesas; já quem ficou por último teve que lutar para se livrar do povo que já invadia a quadra. Na hora de voltarmos para o microônibus, apareceram uns policiais que fizeram um corredor humano para nos ajudar a atravessar a multidão. Uma a uma corríamos protegendo cabelo, bolsa e tudo mais que podíamos, enquanto outras pessoas balançavam o ônibus. Quase não conseguimos sair de lá. ☹ Em quase todos os torneios na Ásia, existe o costume de oferecer festas de abertura e encerramento, quase sempre organizadas pela comunidade e patrocinadores locais. Normalmente visitamos várias cidades a cada excursão, e em cada uma a mesma ladainha: banquete típico, discursos, fotos, brindes, karaokê... O pior é que eles sempre esperam que as brasileiras apresentem algum número musical, de preferência um samba. ☹ Em Yu-Xi, China, no Grand Prix de 99, mais uma vez tivemos problemas com a comida. Passamos a semana comendo pouco, mas no último almoço a Raquel e a Elizângela prepararam um surpresa. Elas tinham levado latas de feijoada, até farofa pronta, e entraram na cozinha do hotel para preparar o banquete. Quando elas serviram o almoço, fizemos a maior festa e até erguemos um brinde com os pratos cheios de comida com cara de Brasil.

Os repórteres mais importantes para o voleibol...

☺ Luciano do Valle, principalmente por ter sido um dos responsáveis pela popularização do voleibol, ao transmitir o Mundialito masculino e feminino que se realizava no Brasil, ainda no início da década de 80.
☺ Marcos Uchôa, por ser um dos caras mais sensíveis que já cobriram a nossa rotina. As suas matérias sempre tinham um toque positivo, ele acabava enfocando o lado romântico, delicado e ao mesmo tempo batalhador da vida da mulher atleta. ☺ Denise Mirás, João Pedro Nunes e Heleni Felipe, que vêm escrevendo a história do voleibol desde antes dos meus tempos de juvenil. Além de especialistas, são profissionais éticos que sempre admirei. ☺ Cida Santos e Nicolau Radamés, que escreveram inclusive o livro *Vitória*, sobre a trajetória da seleção masculina na conquista do ouro em Barcelona. Por causa do senso crítico desses dois periodistas, questionando sempre o outro lado, sempre tivemos garantida a nossa dose de democracia na informação.

As piores discussões...

☹ Uma vez discuti com a Hilma no meio de um treino. Estávamos fazendo um exercício de defesa, ela reclamava da Ana Paula, eu reclamei dela, porque achava que ela estava errada, ela não gostou e me empurrou. Eu empurrei de volta, batemos boca feio, o treino parou para assistir. A Hilma saiu correndo do ginásio, olhei pro Bernardinho, que estava na minha frente, e me dei conta da burrada que tinha feito. Fiquei mal por ter provocado aquilo, pedi desculpas a todos e saí correndo atrás dela. Ela não quis falar comigo, só depois de uns dois dias (acho que até foi mais tempo...) tivemos aquela conversa, em que acertamos os nossos problemas que vinham desde a época do Wadson. Gosto dela. Quando eu torci o joelho, antes de Atlanta, ela me ligou para dar uma força.

Disse que tinha certeza de que eu iria dar um jeito naquilo. ☹ Uma das coisas de que eu mais gostava quando era jogadora eram os rachas de futebol que costumávamos fazer no aquecimento. Em alguns times femininos, futebol era quase uma instituição à parte, com regras próprias e muita rivalidade. Não era raro termos até problemas porque acabávamos ficando mais motivadas para o futebol do aquecimento do que para o treino de vôlei que vinha a seguir. Com o futebol, podíamos quebrar um pouco da rotina de um esporte que não tem contato físico e dar aquela pitada de agressividade ao time. Mas quando jogavam homens contra mulheres, às vezes as coisas esquentavam um pouco demais. Num desses joguinhos durante os treinamentos da seleção brasileira, com o técnico Wadson, nós dois estávamos num clima de guerra fria: ninguém atacava ninguém, mas existia uma tensão latente. Ele vinha com a bola dominada pela lateral e eu estava marcando-o. Para seguir em direção ao gol, ele tinha que passar por mim. Deu uma paradinha, pisou na bola e não tive dúvida: passei uma rasteira, chutando a bola e levantando ele do chão. Foi punk! ☹ O Bernardinho nunca gostou de dar futebol no aquecimento, pois temia que alguém saísse machucado. Numa das únicas vezes que rolou um fúti, na Rússia, o Bernardinho e o assistente Tabach estavam cada um num time. O jogo estava sério, lutávamos por cada bola. Uma hora, numa discussão sobre um pênalti, o Bernardo e o Tabach começaram a bater boca. Nunca temos juízes nesses jogos e, muitas vezes, quem fala mais alto leva vantagem nas marcações. Os dois não paravam de discutir, até uma hora em que o Tabach disse: "Aqui você não vai levar vantagem não..." Parou tudo – o futebol, o treino –, os dois saíram da quadra e ficaram sem se falar por dois dias. O mais engraçado era que os dois dividiam o mesmo quarto na concentração, mas não trocavam uma palavra. Isso foi em 94. Depois disso, nunca mais tivemos futebol na seleção. ☹ O Grand Prix é uma competição desgastante, principalmente por passarmos de trinta a quarenta e cinco dias viajando direto. Numa delegação, isso exige muito do controle das pessoas e do bom relacionamento. Mesmo as pessoas mais amigas podem se estressar e brigas acontecem. Em 95 aconteceu uma entre a Márcia Fú e a Ida. Pra dizer a verdade, eu nem sei exatamente os motivos, mesmo porque normalmente nessas brigas nem existe um. Só sei que estávamos chegando ao hotel de um treino e as duas eram as últimas a descer. A Fú chamou a Ida pra briga, que não reagiu quando a Fú pulou pra cima dela. O Bernardinho, que estava perto, entrou no meio e separou as duas, segurando a Márcia por alguns segundos contra o ônibus, enquanto ela se debatia. Foi uma situação chata e o grupo levou um tempo para superar a confusão. Apesar disso, essas coisas não aconteciam freqüentemente.

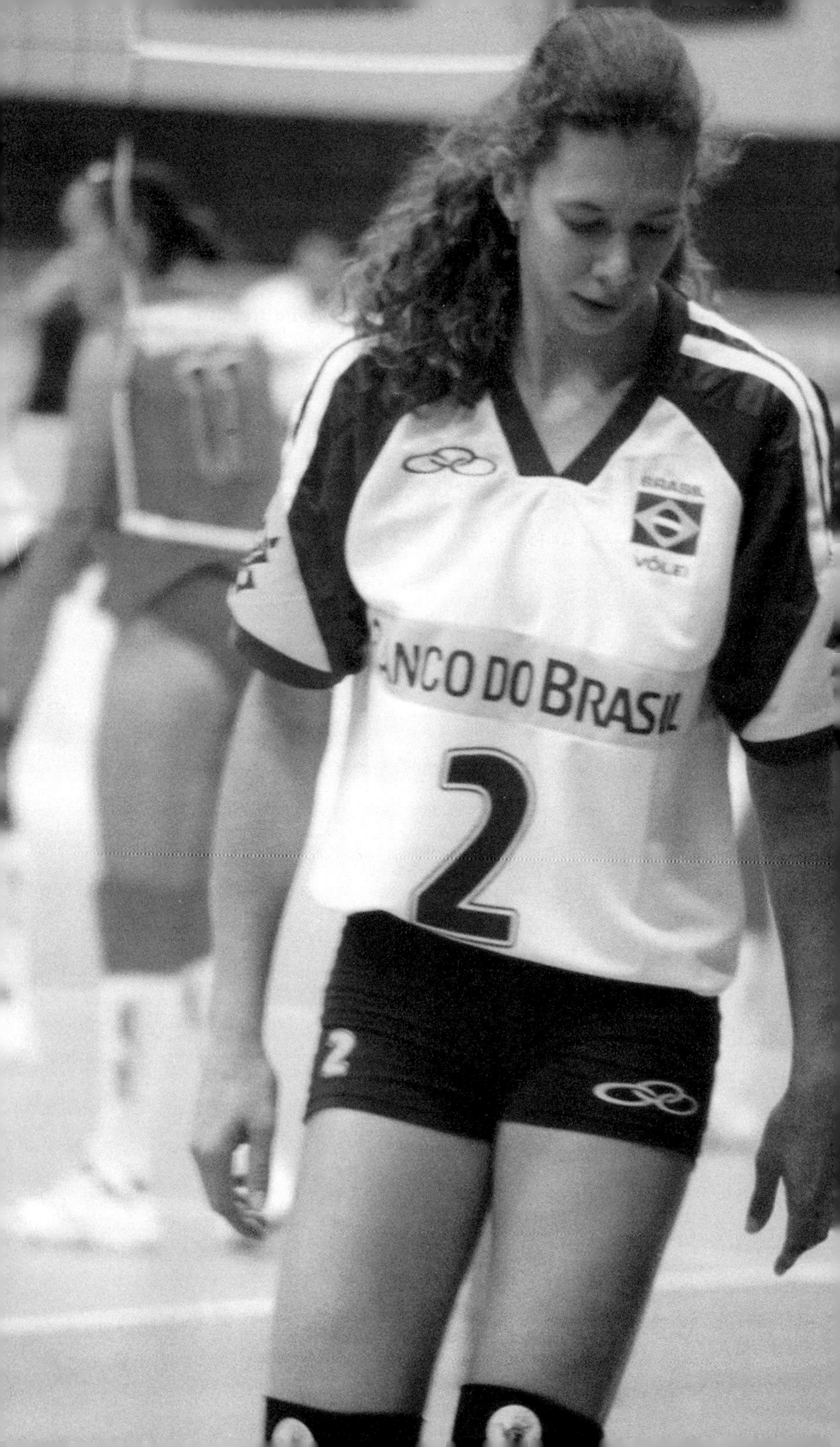
VÔLEI
ANCO DO BRASIL
2
2

1998

98 foi o ano do meu último Mundial. A temporada internacional começou em maio, com a BCV Cup, seguida pelo Grand Prix, em agosto. Nem a Fernanda Venturini nem eu participamos desses dois campeonatos, mas nos juntaríamos ao grupo dois meses antes do Mundial, para participar da preparação. Eu já estava procurando priorizar algumas competições, pois meus joelhos pediam cada vez mais cuidados e eu não suportaria cumprir todo o calendário de jogos.

Nos dois anos que seguiram às Olimpíadas de Atlanta, eu incorporei definitivamente a rotina diferenciada de preparação. Fazia quase todo o condicionamento físico à parte do restante das jogadoras, buscando transportar os movimentos de jogo para ambientes menos traumáticos, como a água ou colchões. Participava de parte dos treinamentos com bola, somente o necessário para me manter bem técnica e taticamente. Assim, durante esse tempo, consegui participar de praticamente todos os jogos. Durante essas duas temporadas, aprendi muito mais a respeito de treinamento individualizado com o preparador físico José Elias de Proença, pois não era somente comigo que ele aplicava essa maneira de trabalhar. Mesmo dentro do planejamento coletivo de uma equipe, ele visava o respeito às particularidades de cada jogadora. Por meio de testes físicos, químicos e da própria observação diária, ia detectando as limitações e necessidades de cada atleta. Além de evitar o surgimento ou agravamento de eventuais problemas, o atleta aos poucos incorporava alguns procedimentos que atingiam diretamente suas necessidades e que poderiam ser aplicados em qualquer situação. No meu caso, não ganhei só em termos de saúde, mas também em desempenho. 98 foi o ano em que tive algumas das melhores atuações de toda a minha carreira.

Para disputar o Mundial no final do ano em boas condições, planejei – juntamente com o Bernardo e o José Elias – um programa de treinamento que visava, prioritariamente, o meu condicionamento físico. Precisava evitar o desgaste de uma competição como o Grand Prix. Se eu tivesse feito diferente, correria o risco de acabar o meu ano por ali mesmo. O objetivo principal daquela temporada era o Mundial, e tudo o que viesse antes teria que ser encarado como preparação. Bernardinho entendia tanto as minhas limitações quanto a minha vontade de defender bem a seleção brasileira. Ele confiava nas minhas intenções e sabia que, enquanto eu estivesse em quadra, poderia contar sempre com 100% do meu esforço. Principalmente nos meus últimos anos de seleção, nós tivemos um relacionamento de muito respeito e admiração. Ele é até mais apaixonado pelas competições que qualquer uma de nós e, durante esses anos à frente da seleção, sempre foi nosso grande exemplo de seriedade e dedicação.

As duas novidades na seleção daquele ano eram a Raquel e a Érika, jovens jogadoras que haviam se destacado na Superliga. Além disso, a Ana Paula já havia se recuperado da contusão que a deixara de fora da temporada anterior, e foi a Fofão quem assumiu o levantamento da equipe nos dois primeiros torneios do ano.

No Grand Prix de 98, onde o Brasil defendia o bicampeonato, aconteceu a primeira surpresa. A seleção começou mal, perdendo os três jogos do primeiro torneio. A equipe passou a ser completamente desacreditada, principalmente pela imprensa. Lembro de ter ido fazer uma visita à redação de um grande canal de TV, em São Paulo, logo depois das três primeiras derrotas. Peguei um comentário do tipo: "Quando vai ser a próxima surra da seleção?", referindo-se aos próximos jogos. É, no Brasil, se você não mata um leão por dia, você não vale mais nada.

A situação não estava nada fácil mesmo. A classificação para a fase final dependia de vitórias em todos os próximos seis jogos. Mais do que isso, elas não poderiam perder nem um set sequer. Telefonei para a Leila e a Virna, procurando dar apoio e passar confiança a elas. Teoricamente, a Fernanda e eu estaríamos fazendo falta, e a pressão sobre elas é que não conseguiriam repetir as vitórias sem as duas jogadoras mais famosas na época. Elas contaram (e não tenho a mínima dúvida da veracidade) que treinaram seguidamente como loucas a partir daí, parando só para se alimentar e descansar um pouco, para mais treinos.

Tudo o que conquistaram nos treinos, mais a vontade de provar o valor daquele grupo, as levou a uma virada sensacional. Venceram todos os sets da fase classificatória e, no torneio final, venceram Cuba na semifinal e Rússia, por 3 a 0, na decisão do Grand Prix. Foi uma vitória maiúscula daquelas meninas que, por muitas vezes, viveram à sombra de jogadoras mais prestigiadas. Voltaram ao Brasil em glória: a Leila foi a melhor jogadora e dedicou o prêmio à Fofão, a Ana Paula foi o melhor bloqueio. Outro grande destaque foi a Raquel, que estava estreando na seleção. Provaram que o voleibol feminino brasileiro representa muito mais do que uns dois ou três nomes de peso. O que chamamos de "alto nível internacional" tinha sido alcançado por um grupo muito maior de jogadoras.

Quando a seleção se reapresentou para a última fase de treinamento antes do Mundial, a Fernanda e eu nos juntamos ao grupo. Cheguei humilde, consciente das minhas condições, mas reconhecendo o valor e o esforço de quem já estava lá desde o início da temporada. A imprensa também fez questão de não me fazer esquecer disso. Em todas as entrevistas, estas perguntas eram sempre repetidas: Como eu encarava o sucesso de jogadoras mais novas, como a Raquel, por exemplo? Será que eu não temia estar sendo substituída por novatas? Será que não estava na hora de entregar o meu lugar para a nova geração que estava chegando? Aqueles mesmos jornalistas que não esperaram um minuto sequer para execrar a seleção depois das primeiras derrotas no Grand Prix estavam agora precisando de um outro alvo para as suas críticas. E a escolhida era eu! A imprensa muitas vezes usa de intrigas para conseguir notícias. Criam brigas, fofocas, questionam hoje o valor de pessoas que endeusavam no passado. Tudo em nome de algumas linhas no jornal. Quem conhece os bastidores sabe que precisa pensar duas vezes para acreditar em tudo o que é dito por aí.

O grupo estava muito bem e os treinos eram uma pancadaria só. Eu estava forte, bem preparada fisicamente, e acompanhava o ritmo das meninas. Tinha feito um plano de treinamento que iniciou em maio, quando voltei de férias, ainda na minha equipe. Na época, chamei o preparador físico José Elias de Proença e pedi uma orientação para a minha preparação. Disse que queria chegar em novembro mais forte do que nunca. Estava acostumada a montar sozinha os meus treinamentos, pois já havia acumulado experiência suficiente para tanto com as várias recuperações de cirurgias. Mas queria mais, e o Zé Elias era talvez o único profissional que poderia me apresentar coisas novas. Durante seis meses fui progredindo na minha forma, principalmente nos níveis de força e potência, usando os jogos do campeonato paulista que disputei pelo meu time para a preparação técnica. Na cabeça, eu só tinha o Mundial! Acumulei tudo o que poderia durante esses meses, para soltar somente na última hora, às vésperas de começar os jogos.

O clima do grupo era excelente, o moral estava alto e os treinamentos da seleção eram acompanhados por um batalhão de jornalistas. Saímos do Brasil com o status de favoritas ao título. Alguns membros da seleção – inclusive o Bernardinho e eu – sentíamos esse favoritismo com certa desconfiança. Já tínhamos nos visto nessa situação outras vezes e conhecíamos as dificuldades que encontraríamos. Em 94, por exemplo, também vencemos o Grand Prix, mas não conseguimos repe-

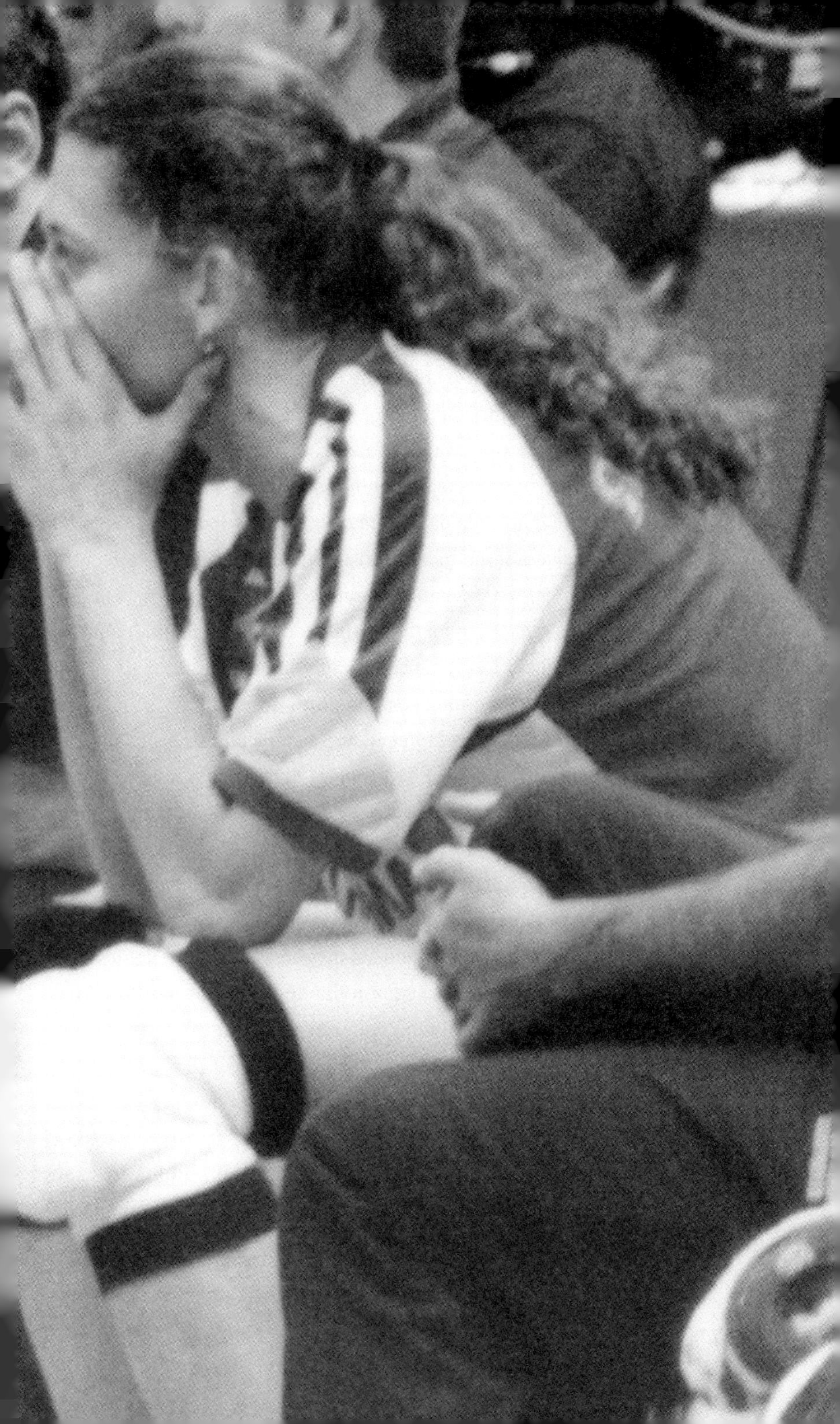

tir a vitória no Mundial, três meses depois. Sabíamos também que nunca tínhamos nos dado bem quando entrávamos como favoritas. Na história da formiga e da cigarra, o nosso papel sempre foi o de formigas operárias. Nunca fomos fora de série – esse papel era das cubanas, das russas... A nossa realidade sempre foi diferente. Lembro, nas Olimpíadas de 96, de uma passagem do jogo semifinal contra Cuba. Estávamos vencendo por 2 a 1 em sets. Numa bola de cheque (quando, numa jogada, o time adversário não consegue controlar a bola e a presenteia alta, sobre a rede), a nossa jogadora de meio sobe para matar o ponto. Em vez de desferir um ataque fulminante, a menina toca a bola sutilmente para cair num espaço vazio, no fundo da quadra das cubanas. Jogada de gênio! Ela se vira para comemorar em glória. Dava para ler nos olhos dela: "Eu sou demais!" Ledo engano. Comemorou muito cedo. Perdemos o set e o jogo. O nosso jogo tem que ser solidário e batalhado ponto a ponto, mantendo sempre 100% da nossa força, concentração e humildade.

Viajamos para o Japão uma semana antes do início do campeonato, para cumprir o período de adaptação ao fuso. Ficamos hospedadas nos alojamentos do Daiei, um time da primeira divisão japonesa, na cidade de Kobe, próximo a Osaka. O regime era de concentração total; saíamos do quarto para a quadra, da quadra para o quarto. Nem mesmo as compras, que sempre são uma válvula de escape no Japão, nos era possível, pois só havia um supermercado por perto. A ansiedade pelo início do campeonato só aumentava, afetando até mesmo as mais experientes nesse tipo de rotina. Quando enfim chegou o dia de viajarmos para a primeira sede do Mundial, foi um alívio geral. Finalmente o campeonato estava por começar.

Eu tinha uma sensação que ficava martelando na minha cabeça. Não sabia exatamente o que era, mas precisava conversar com as meninas a respeito dos meus temores. Era mais ou menos o seguinte: sempre tentei achar uma explicação para o fato de a seleção, mesmo sendo tricampeã do Grand Prix e estar figurando entre as melhores equipes nos últimos quatro anos, nunca ter conseguido vencer os torneios mais importantes. Não vencemos o Mundial de 94, nem a Copa do Mundo de 95, nem as Olimpíadas de Atlanta. A mim parecia que, para conseguir sucesso nesse tipo de competição, era necessário algo a mais que, até então, nós não tínhamos alcançado. Talvez o caminho fosse o de deixar todas as vaidades de lado, depositando todas as nossas forças nos interesses coletivos, deixando as individualidades para depois. Fazer isso honestamente, durante todos os instantes, do fundo da alma e não somente da boca pra fora. Para mim, esse sempre foi o maior obstáculo daquele grupo. Foi o que faltou na maior parte das oportunidades em que não conseguimos vencer, e essa tinha que ser a nossa busca.

Chamei as meninas no quarto para partilhar essas dúvidas e fazer o meu alerta. Com exceção da Fernanda e eu, aquele grupo havia feito uma grande conquista – o título do Grand Prix – poucos meses antes. Precisava fazê-las entender que não estava desmerecendo o que elas já haviam feito, mas que agora precisaríamos de algo a mais. Conversamos por um tempo, saí aliviada por ter colocado o meu ponto de vista, mas com dúvidas se o recado tinha sido absorvido por todas. De qualquer maneira, era hora de entrar em quadra e colocar em prática o que tínhamos para mostrar.

Pegamos a Rússia logo na primeira partida. Foi um desastre! Perdemos por 3 a 0, acabei o jogo no banco e já de cara complicamos a nossa classificação. Não jogava contra um equipe forte como a das russas havia quase um ano e senti falta de ritmo de jogo, assim como a Fernanda, que também sentiu a mesma dificuldade. Mesmo vencendo os jogos seguintes, com essa derrota seria difícil escapar de Cuba numa semifinal. Mas não havia solução! Tínhamos que esfriar a cabeça e partir, jogo a jogo, para uma recuperação moral. E foi o que aconteceu: vencemos todos os adversários seguintes, melhorando a nossa performance dia a dia, deixando para pensar nas cubanas somente quando chegasse a hora. Na minha cabeça só tinha um pensamento: iria dar a volta

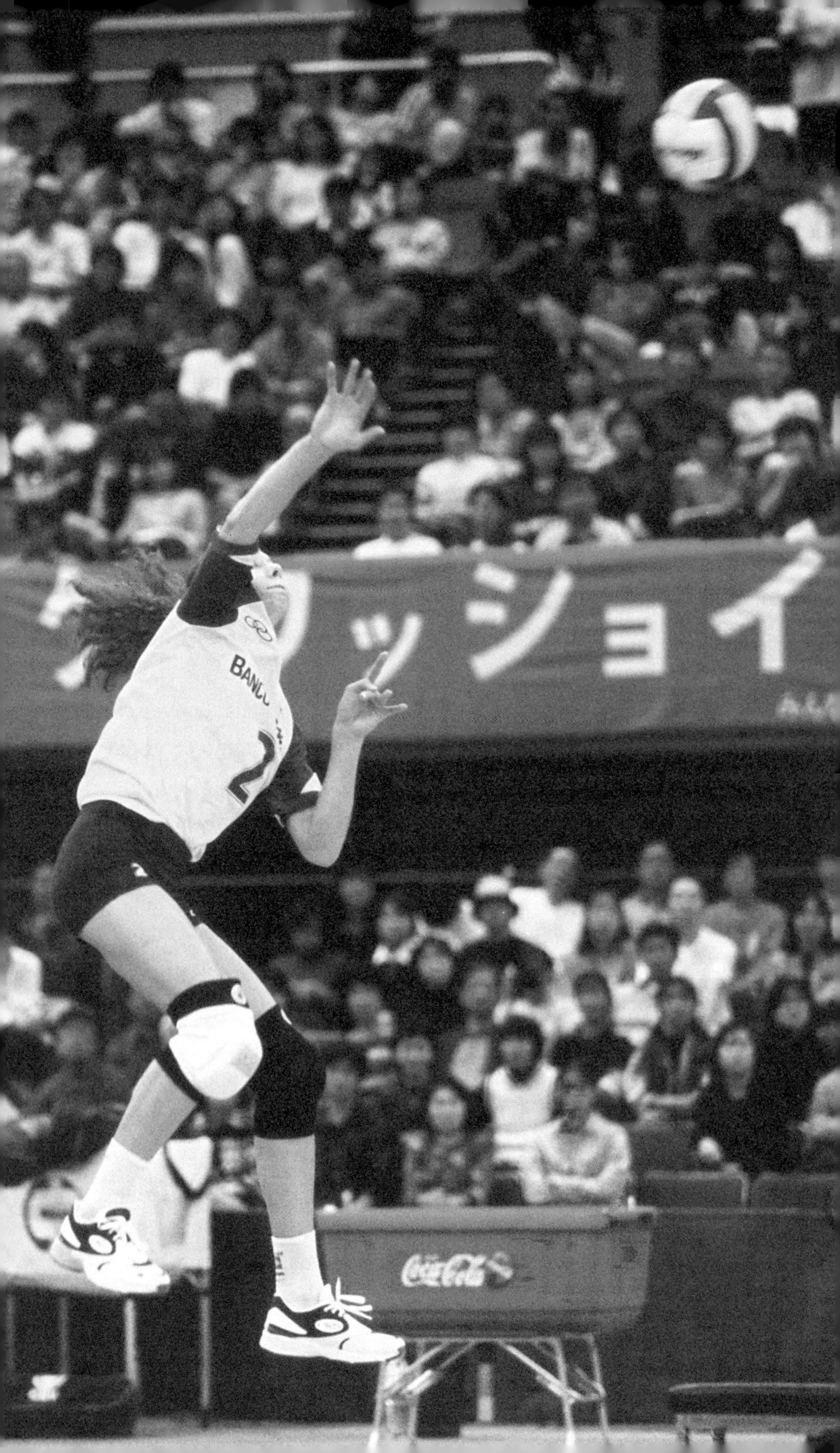
ッショイ
Coca-Cola

por cima para ajudar o time a recuperar o que tínhamos perdido naquele primeiro jogo.

Quando finalmente chegou o dia de enfrentar Cuba, a nossa equipe estava bem diferente daquela do primeiro jogo. Eu também melhorara bastante e estava segura das minhas condições. Aquecemos lado a lado, na quadra B. Eu via medo nos olhos das cubanas, que não conseguiam disfarçar o nervosismo, promovendo a maior gritaria enquanto batiam bola. Eu sentia uma força enorme crescendo dentro do peito e estava pronta para a guerra. Para mim estava claro: era a nossa chance de vencê-las e chegar à final do Mundial.

O meu primeiro ataque do jogo foi a prova de que precisava: uma pancada indefensável contra um bloqueio duplo. Elas me perseguiram durante toda a partida, às vezes duas, às vezes três bloqueadoras. Mas parecia que eu estava possuída e, mesmo marcada, continuava a colocar as bolas no chão. A vontade de vencê-las era maior do que jamais havia experimentado. Foi uma sensação incrível e o melhor jogo de toda a minha carreira. Como equipe, porém, não jogamos o suficiente para batê-las. Vencemos somente o segundo set e eu não conseguia acreditar no placar quando o jogo terminou. Minha vontade era sair correndo para o vestiário, mas não podia deixar a quadra até que o sorteio para o exame antidoping fosse realizado. Fiquei andando, dentro da quadra, de um lado para o outro, como um animal enjaulado, destruindo com os dentes a garrafinha de água que tinha nas mãos. Não segurei as lágrimas, que continuaram caindo até se esgotarem. Ainda no vestiário, reuni as meninas mais uma vez e coloquei toda a minha angústia para fora. Estava frustrada por termos perdido a maior chance que jamais tivemos de ser campeãs mundiais. Mais do que isso, para mim era a última chance, pois sabia que não continuaria jogando por mais quatro anos para poder tentar, mais uma vez, no Mundial seguinte. Apesar de tudo o que já tínhamos vivido, de toda a nossa experiência, não antecipamos um resultado que era muito óbvio e nos deixamos levar pela empolgação que foi criada depois da conquista do Grand Prix. Na reunião, falei de humildade, ou da falta dela, e que aquela era uma lição que teríamos que aprender para nunca mais repetir. Principalmente as mais novas, que estavam só iniciando as suas carreiras internacionais, tinham ali ferramentas suficientes para detectar o céu e o inferno que a seleção viveu naquela temporada. Mais uma vez, saí com a sensação de não ter sido totalmente compreendida.

No dia seguinte, menos de 24 horas depois, perdemos para a Rússia a disputa do terceiro lugar. O tempo foi muito curto para recuperar moralmente a equipe. Em Atlanta, perdemos a semifinal para a mesma equipe de Cuba, mas dois dias depois vencemos as russas na disputa do bronze. Talvez porque, ao contrário das Olimpíadas, estávamos menos fortes de espírito para superar uma frustração como aquela. Mais uma vez, joguei bem! Mesmo perdendo, dessa vez não chorei. Estava consciente dos porquês e dos poréns que nos levaram àquelas derrotas. Ao contrário de jogadoras como Virna a Leila, que levaram meses para se recuperar.

A única situação que me foi difícil de engolir aconteceu na cerimônia de premiação e encerramento do Mundial. Estávamos no vestiário esperando as meninas da organização nos indicarem o protocolo. Mesmo não subindo ao pódio, todas as equipes participariam da solenidade. Quando enfim nos indicaram o portão no qual nos posicionaríamos, a dura realidade. Éramos nós mais as outras equipes coadjuvantes (do quarto ao décimo segundo lugar) que esperávamos para entrar na quadra daquela posição. As três primeiras colocadas entrariam, com todas as pompas, por um outro portão. Foi a Érika, a jogadora mais nova daquele grupo, quem me deu o sinal: "Somos nós e a 'rapa'?" Eu disse que sim, que tínhamos voltado a fazer parte "do resto". Disse mais: "Preste bem atenção nesta posição em que estamos e lute para nunca mais repeti-la no futuro. O que vai acontecer a partir de agora depende de vocês".

Ironicamente, depois de cinco anos subindo ao pódio em cada competição de que participamos, um quarto lugar trazia de volta o pesadelo de Barcelona. Dessa vez eu estava mais serena, mas igualmente decepcionada. Tive novamente aquela sensação de falta de merecimento, mas de uma maneira diferente. Afinal de contas, já tínhamos provado todo o nosso valor, o que, mesmo assim, não nos impediu de dar aquele vacilo. O Bernardinho sempre repete que "demoramos anos para construir uma reputação e segundos para colocar tudo água abaixo". E nós vivemos todos os dias com esse dilema sobre nossas cabeças.

Ana e Bernardinho, 1999

O técnico

Qual é o papel do técnico? O que representa aquela figura, predominantemente masculina, que fica ao pé da quadra dirigindo a sua equipe? Algumas vezes gritam no erro ou no acerto, outras ficam mais calmos, como que querendo controlar o ritmo dos seus atletas. Existem alguns que parecem estar jogando junto com o time, atacando, defendendo ou bloqueando, como se estivessem dentro da quadra.

O técnico é aquele que vai dar uma "cara" à equipe. É a pessoa que irá determinar a linha – seja de conduta ou de padrão técnico e tático – que irá guiar o grupo durante o tempo em que estiverem reunidos ao redor de um objetivo. Um time se molda na prancheta desse profissional e pelo planejamento da comissão técnica. Seu trabalho começa muito antes do primeiro treino. Acredito que, para ser um bom técnico, é preciso escolher um elenco eclético e bom. Jogadores que trabalhem bem juntos e que formem um bom conjunto. É preciso também saber tirar o máximo de cada um aproveitando as potencialidades individuais.

A temporada do voleibol brasileiro normalmente inicia em maio, terminando em abril do ano seguinte. São dois campeonatos de maior importância: os campeonatos estaduais e a Superliga. Existem outras várias copas e torneios que ocupam os principais times do país nos intervalos dessas duas competições. Jogamos praticamente durante todo o ano, o que requer um bom planejamento físico para que os jogadores tenham boas condições de jogo, ao mesmo tempo que se busca um incremento na qualidade física e técnica. Porém, a preparação deve ser feita visando coincidir a fase decisiva das competições mais importantes com os picos da forma física, técnica e tática.

Essa é um pouco da parte logística e técnica da função do técnico. Essa formação os profissionais da área podem buscar na universidade ou no grande número de material constantemente atualizado por pesquisas e estudos. Aqueles que foram jogadores antes de se tornarem técnicos têm a vantagem do conhecimento do jogo vivenciado na prática, o que, a meu ver, é o maior conhecimento a ser alcançado no que diz respeito a como trabalhar com pessoas. Alcançar um nível maior de sensibilidade para poder avaliar que tipo de trabalho, ou de postura, é o mais indicado para cada um dos jogadores. Detectar qual é a melhor estratégia – física, técnica, tática e afetiva – para todos os indivíduos e administrar o grupo, encaixando as peças do quebra-cabeças.

Para um técnico conseguir dirigir bem uma equipe e torná-la vencedora é preciso que ele conheça bem os seus jogadores. Seus pontos fortes e fracos, quais as suas características emocionais, como eles reagem à pressão, como eles interagem entre si e com a comissão técnica. Ter uma postura participativa e integrada, reunir todas essas informações e traduzi-las em forma de estratégias de treinamento. Dentro de uma postura profissional, procurar conhecer as pessoas com quem se está trabalhando. Sem perder a noção de hierarquia, disciplina e organização, buscar o melhor de cada um através de relações humanas. Afinal de contas, não será porque estamos num ambiente de trabalho que nos tornaremos máquinas. Ainda somos pessoas e respondemos melhor profissionalmente quando tratadas como tal.

Essa questão afetiva fica mais complicada quando se trata de técnicos homens dirigindo times femininos. A primeira tendência é uma postura paternalista – seja pelo mimo, seja procurando manter o controle do grupo sendo uma espécie de pai severo e autoritário. Isso se deve,

Bernardinho e seleção, 1999

muitas vezes, a uma dificuldade de compreender as diferenças entre homens e mulheres.

Existe um mito que diz que é muito difícil trabalhar com times femininos. Dizem que não suportamos a pressão de um período longo de treinamento, que somos rebeldes, que é impossível prever como vamos jogar numa decisão, que não jogamos com garra etc. Os técnicos que acreditam nessas afirmações acabam usando de broncas e de um certo distanciamento para se sentirem seguros na relação com as atletas.

Eu tive algumas experiências com técnicos que tinham esse tipo de postura, principalmente antes da nossa geração ter começado a conquistar títulos internacionais. Sem falar dos discursos tipicamente machistas que escutei por esses anos. Não acredito nesses mitos e preconceitos. Para começar, acho que, com relação a homens e mulheres, não

Ana Paula, Ana Moser e Bernardinho, 1998

existe melhor ou pior, e sim diferenças. O Bernardinho uma vez disse mais ou menos o seguinte com relação ao trabalho com times femininos: "Com uma equipe feminina, se você conseguir a confiança das jogadoras e tiver o time nas mãos, você consegue tirar qualquer coisa delas. Pode-se tirar o máximo que elas podem dar, coisa que é muito mais difícil de se conseguir com homens. Por outro lado, se as coisas estão dando errado, é melhor sentar e não adianta desesperar, porque não é fácil haver uma reação".

A meu ver, nós mulheres temos algumas características muito positivas para esportes coletivos. Temos uma tendência a criar um bom ambiente de trabalho, buscando laços afetivos entre as companheiras de time e comissão técnica, como que querendo botar ordem na casa e manter bons relacionamentos com a "família". Rendemos melhor e trabalhamos mais felizes com esse clima de segurança. Além disso, nosso desempenho individual se potencializa quando se junta a um coletivo organizado. Nos entregamos de corpo e alma quando acreditamos no trabalho que se está realizando.

Já participei de times e de várias passagens na seleção onde esse ambiente de coleguismo nos levou a performances incríveis. A confiança e respeito – como irmãs... – que tínhamos umas pelas outras nos levava a prever as reações, apoiar quando necessário, assim como saber quando dar uma "chamada". Dessa maneira, formávamos um conjunto homogêneo e forte. Já ganhamos um campeonato sul-americano sem técnico. Não que ele não estivesse presente, mas era como se fosse. Ele já não tinha o controle do grupo e era pouco efetivo. Graças ao nosso poder de organização e companheirismo conseguimos um desempenho irretocável.

Os universos masculino e feminino são distintos e o conhecimento dessas diferenças é um grande instrumento para que se consiga alcançar o limite máximo de cada pessoa.

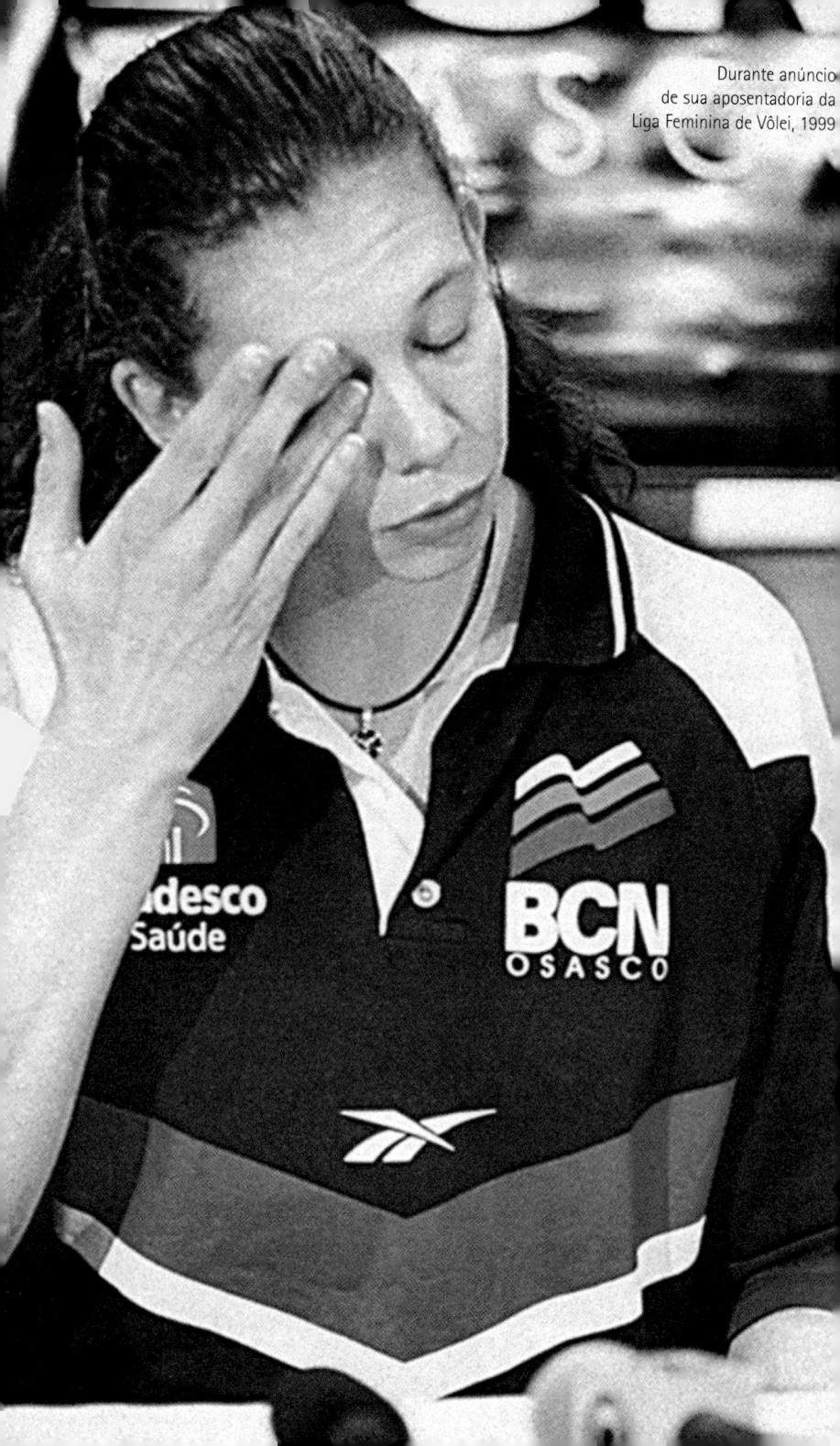

Durante anúncio de sua aposentadoria da Liga Feminina de Vôlei, 1999

1999

*Na*Superliga*98/99*, que terminou em abril, minha equipe – patrocinada pela Universidade Guarulhos – ficou em quarto lugar, apesar de não termos recebido os quatro últimos meses de salários. Como já era esperado por todos nós, a equipe se desmanchou logo depois. Internamente, o vôlei feminino não vivia seus melhores momentos, até porque a seleção não havia ido bem no Mundial do ano anterior. Além da UnG, o Leites Nestlé – terceiro colocado naquela Superliga – e a Uniban – campeã daquela temporada – também fecharam seus times. O Leites, que manteve sua equipe por seis temporadas, foi um marco para o esporte brasileiro, tanto como estrutura profissional quanto de marketing esportivo. Juntamente com o BCN – já que ambos entraram no cenário do voleibol feminino na mesma época – foram os primeiros a adotar estratégias de marketing mais agressivas, envolvendo as cidades em que estavam sediados e investindo nas transmissões dos jogos pela TV. Criaram as primeiras torcidas organizadas profissionais, chamando o público aos ginásios por meio de distribuição de camisetas, brindes e promoções. Maquiavam o espetáculo para torná-lo mais atrativo, ao mesmo tempo que conseguiam cada vez mais espaço para a exposição das suas marcas.

Com o desmanche do time em que jogava, assinei um contrato de dois anos com o BCN/Osasco. O técnico era o Sérgio Negrão, que vinha do Leites Nestlé. Na época as minhas pretensões eram jogar pela seleção até as Olimpíadas de 2000, além de disputar, pelo menos, mais duas Superligas. Da maneira como tinha terminado a temporada anterior, estava segura de que conseguiria alcançar esses objetivos.

Na seleção a situação estava bem diferente da dos últimos anos. A maior perda que o Brasil teve foi a parada definitiva da Fernanda Venturini. Ela continuou jogando em clubes, mas não vestiria mais a camisa da seleção. Conheço a Fernanda desde 86, quando nos encontramos pela primeira vez numa seleção paulista juvenil. Ela é a melhor jogadora que o Brasil já teve e a melhor levantadora do mundo. Tudo pra ela sempre foi muito fácil dentro da quadra, tão fácil que às vezes até chegava a irritar. Sempre gostei muito dela, além de ter tido o privilégio de receber suas levantadas durante anos na Sadia, no Leite Moça e, principalmente, na seleção.

O grupo da seleção estava muito mudado, com jogadoras novas substituindo as que haviam deixado a seleção depois do último Mundial. O comando ainda era do Bernardinho e a missão era formar uma nova equipe para disputar não só as Olimpíadas de 2000, mas para representar o voleibol feminino brasileiro nas próximas temporadas. Me coloquei à disposição do Bernardo e acertamos a programação para aquele ano. Teríamos três competições importantes, sendo que a primeira era o Pan-Americano, seguido pelo Grand Prix. Dessas duas, eu disputaria somente uma. Apesar de serem competições importantes, o principal objetivo era a Copa do Mundo de novembro, que seria disputada no Japão e classificaria os três primeiros colocados para as Olimpíadas de Sydney. Todas as outras convocadas ficariam treinando juntas desde maio em Curitiba. Eu alternaria períodos de treinamento lá com algumas semanas de trabalho em São Paulo, onde poderia intensificar o meu treinamento em Pilates, além de poder estar mais próxima do Zé Elias, que supervisionava a minha preparação.

Na nova seleção brasileira, somente quatro haviam jogado em Atlanta – Fofão, Virna, Leila e eu. Das outras convocadas, três tinham menos de vinte anos – Érika, Elizângela e Walewska. De uma maneira geral, o grupo era muito inexperiente. Por outro lado, as jogadoras novas estavam chegando com muita vontade de vencer. Mesclavam a irreverência e a falta de compromisso com o respeito pelas mais antigas e personalidade forte. Eu sentia que elas queriam dar seqüência aos bons resultados do voleibol feminino e marcar também o nome delas nessa história de vitórias. Eu era a mais velha daquele grupo e sabia que, além de jogar bola, tinha a função de orientá-las num caminho que eu conhecia muito bem.

O clima era bem diferente dos grupos de outras seleções. Na verdade, fazia algum tempo que eu não jogava entre jogadoras tão novas e às vezes eu até estranhava tanta brincadeira. Existia uma certa inconseqüência no ar, durante os treinamentos, no hotel e principalmente nas viagens. Sempre havia uma piada, uma música ensaiada, uma história pra contar. Já de manhã, quando estávamos todas no ônibus rumando para o treino, a bagunça já começava e era difícil não se deixar levar por tudo isso.

Uma vez, num vôo pela Europa, o avião era pequeno e a delegação – formada por umas vinte pessoas – ocupava quase todas as poltronas do fundo. Tudo estava tranqüilo, quando alguma coisa detonou uma gargalhada. As meninas mais novas começaram a se empolgar, contando histórias, falando alto. O que começou com umas duas ou três, em pouco tempo já envolvia quase todos da delegação e começou a sair do controle. As aeromoças pediam para falar mais baixo, os outros passageiros olhavam feio e eu já estava começando a me sentir desconfortável com a situação. Mas não havia quem baixasse o fogo daquelas meninas. Olhei para o lado e vi o Bernardinho roxo de vergonha, tentando se esconder atrás de um livro. Afinal de contas éramos a seleção brasileira, estávamos uniformizados e tudo o mais. Acho que ele, assim como eu, estava se sentindo como monitor de colônia de férias, tentando acalmar aquela meninada.

No primeiro plano que o Bernardo e eu havíamos feito, eu jogaria o Pan-Americano e ficaria no Brasil treinando enquanto a seleção disputava o Grand Prix. Apesar de, como treinamento, o Grand Prix ser um torneio mais forte, o Pan teria muito mais cobertura da imprensa brasileira. Devido à situação interna dos patrocínios às equipes, uma medalha de ouro no Pan seria importante para aumentar nosso prestígio e, conseqüentemente, trazer mais investimentos. No último momento mudamos de idéia e acabamos optando por disputar o Grand Prix. De qualquer maneira, a seleção venceu o Pan-Americano, numa vitória emocionante sobre Cuba. Eu assisti pela televisão e vibrei muito com a conquista.

O Brasil já tinha vencido as cubanas na primeira fase, mas na final perdíamos por 2 a 1. Foi quando a TV focalizou Mireya – maior símbolo do voleibol cubano e que estava no banco por problemas de contusão – dançando como se a vitória já fosse certa. As mesmas imagens geradas para a transmissão da TV eram exibidas num telão dentro do ginásio e todos puderam ver aquela cena. O deboche da Mireya custou caro! As brasileiras se inflamaram, viraram o jogo e fizeram a cubana engolir sua "sambadinha". Foi lindo!!

Já eu agradeci muito por ter ficado no Brasil. Meu pai sofreu um ataque cardíaco – jogando futebol, como fazia toda semana com os amigos – e faleceu exatamente durante a disputa do Pan. Eu pude acompanhar os serviços e ficar com a minha família durante um tempo. Meu pai era uma pessoa simples, cheio de amigos e que sempre fez muito pelo esporte de Blumenau. Fiquei emocionada quando vi a quantidade de pessoas que compareceram ao velório e enterro, além de todas as manifestações de apoio que recebemos.

Duas semanas depois, viajei para me encontrar com a seleção em Paris e seguimos todos para a Ásia para disputar o Grand Prix. O time estava bem, embalado pela medalha de ouro do Pan-Americano. Fizemos bons jogos na fase classificatória, eliminando inclusive Cuba, que pela primeira vez ficou fora das finais daquele torneio. Tudo começou bem, mas aos poucos fui encontrando cada vez mais dificuldades para me manter em forma e jogando bem. As dores vinham aumentando, estava dobrando as doses diárias de antiinflamatórios e já não suportava atividades com bola por dois ou três dias seguidos.

Quando viajávamos para o interior da China, onde seria disputado o torneio final, ficamos presos no aeroporto de Hong Kong por muitas horas, devido a um furacão que passava pela região. O lugar estava uma loucura e ficamos jogadas no chão esperando o nosso vôo sair. Quando finalmente chegamos ao nosso destino, toda a nossa bagagem tinha se perdido. Não tínhamos roupa, tênis, joelheiras, lentes de contato, bolas etc. O problema maior é que estávamos no interior da China, um lugar tão inóspito que pouquíssimos hotéis aceitavam hospedar estrangeiros. Minha maior preocupação era que eu tinha deixado meus antiinflamatórios dentro da mala e não conseguia dar um salto sequer se não tomasse minha dose diária. Já as outras meninas tinham emendado o Pan-Americano e o Grand Prix, e já estavam havia quarenta dias fora do Brasil. Nessas horas o bom humor ajuda, mas eu olhava para elas e sentia pena, pois elas estavam no limite da resistência. Isso sem falar da comida, que tinha uma aparência terrível. Quem se atreveu a visitar a cozinha do hotel saiu apavorado. Dizem que acharam até rato lá dentro.

A bagagem demorou três dias para aparecer. Quando chegou foi uma comédia: todo mundo correndo pelo corredor do hotel, abraçando e beijando as malas, aliviadas por conseguirem um pouco mais de conforto. Os dias que fiquei sem tomar os remédios me custaram caro. Não treinei praticamente a semana inteira. O meu tratamento tinha que ser contínuo e, se quebrasse a seqüência, demorava alguns dias para o remédio voltar a fazer efeito. Apesar de tudo, fomos vice-campeãs, perdendo a final para a Rússia.

Voltamos ao Brasil para a última fase de preparação antes da Copa do Mundo. A minha situação física ia piorando num ritmo muito maior do que eu esperava. Comecei a questionar se conseguiria cumprir os objetivos que tinha traçado no início daquela temporada. No começo, eu procurava não pensar muito a respeito do que estava acontecendo, nem se realmente estava acontecendo alguma coisa. Mas não tinha como fugir da realidade. Acordava pela manhã torcendo para que tudo aquilo fosse um sonho, mas não era e eu tinha que encarar. Quase não treinava mais com bola: me limitava à parte física e a vinte ou trinta minutos de treino tático por dia. Aos poucos fui vendo que não estava mais tendo a mesma performance nem a mesma segurança de antes. Sentia medo de me machucar, torcer um joelho ou algo assim. Os deslocamentos rápidos, principalmente, eram um sofrimento, pois requeriam uma freada brusca que exigia demais dos meus joelhos. Comecei a ficar angustiada, fui perdendo o prazer de jogar, ao mesmo tempo que me questionava se a minha hora de parar não estava chegando. As pessoas mais próximas notavam as mudanças no meu comportamento.

Também já não conseguia garantir a minha participação em todos os jogos e poderia deixar a seleção, ou o meu time, na mão de uma hora para a outra. Sempre procurei falar pouco e me ocupar mais com o fazer. Se dizia que estaria bem para tal campeonato, ou tal partida, era porque sabia que era isso o que iria acontecer. Não por acaso, ou por adivinhação, mas porque confiava nas minhas condições e na minha preparação – PREPARAR A AÇÃO –, que era a parte mais importante. Àquela altura, parei de pensar no que faria dali a dois ou seis meses e passei a me concentrar, totalmente, no que estava conseguindo fazer no momento. Fui dando cada passo com muito mais cuidado, pois algo me dizia que estava fazendo os meus últimos movimentos como jogadora. Eu estava realmente começando a acreditar que a hora de parar estava chegando. Talvez nem conseguisse chegar à Copa do Mundo, estava angustiada e com medo. O tempo passava e o meu joelho só piorava.

Não tinha como pedir dispensa ou não jogar no Japão, e a possibilidade de não conseguir jogar bem, de "quebrar" no meio da competição me apavorava. Se era para encerrar a carreira, queria acabar por cima.

Sentir dor nunca foi novidade para mim; aprendi a conviver com ela e foram pouquíssimas as vezes em que ela me dominou. Nos últimos anos, assustei alguns médicos, acupunturistas e outros praticantes de medicina natural com a situação do meu joelho esquerdo. Eles colocavam em dúvida a minha saúde quando ficasse mais velha, inclusive me questionando o porquê de eu continuar jogando. Eu ouvia, mas nunca dei muita importância, pois o prazer que sentia quando jogava bem apagava todo o sofrimento, todas as dúvidas com relação ao futuro. Eu me esquecia das horas solitárias de trabalho, durante dias, semanas, meses, cinco anos seguidos. Quando conseguia me superar num jogo difícil, tudo e qualquer coisa valia a pena, perdia o peso, me fazia feliz.

É difícil falar da dor, pois, parodiando o autor, ela é minha e de mais ninguém. Só eu sei a cara que ela tem e o que ela representa na minha vida. Só eu sei o que passei para superá-la nesse tempo todo. Só eu sei o quanto ela me fez crescer, o quanto me fez aprender. A dor nos joelhos só me abandonava quando eu estava de férias, mas bastava voltar a pisar numa quadra de vôlei, fazer uma postura de manchete ou dar um salto para ela aparecer. Mas meus joelhos sempre foram meus amigos e, na hora em que precisava que eles funcionassem direitinho, eles nunca me decepcionaram. Nessa luta, sempre tive muita ajuda, tanto de profissionais de carne e osso, quanto de forças que, apesar de sabermos da sua existência, não conseguimos explicá-las direito. Mas elas estão ali, ao alcance de uma oração, de um pedido sincero. Divido com todos eles – os visíveis e os invisíveis – as minhas vitórias e a minha superação.

Na Copa do Mundo, o último campeonato de que participei pela seleção, é que tive a certeza de que não daria mais para continuar jogando. O esforço para entrar em quadra foi maior do que em qualquer outra oportunidade – quase um milagre que, eu sabia, não conseguiria repetir. Principalmente porque eu nunca quis acabar minha carreira me arrastando em quadra, sem conseguir dar tudo, como sempre fiz. Desde o Grand Prix, eu vinha amadurecendo a decisão de encerrar a carreira. Depois da cirurgia de 95, eu sabia que um dia não conseguiria mais administrar meus problemas físicos e sempre me preparei para quando esse dia chegasse. Naquela Copa do Mundo eu estava me dando a última chance.

O modo de disputa daquele campeonato era de pontos corridos, em que jogaríamos uma vez contra cada um dos participantes e a classificação final seria definida pelo número de vitórias. Faríamos onze jogos em quinze dias. Já estava definido com o Bernardinho que escolheríamos os jogos mais importantes e eu jogaria, no máximo, seis deles, mantendo intervalos entre as partidas para que eu pudesse me recuperar. Antes de viajar para o Japão, fiz o meu prognóstico para algumas pessoas mais próximas. Disse que jogaria bem na estréia contra a Croácia, com sorte chegaria ao final da segunda partida contra Cuba dois dias depois, e daí para a frente teria que rezar muito para fazer os outros jogos programados. Foi exatamente o que aconteceu. Já no segundo jogo, contra Cuba, não consegui mais saltar depois do final do segundo set e tive que ser substituída. Descansei um dia para tentar participar do jogo contra a China, que era decisivo para as nossas pretensões de acabar entre os três primeiros.

No dia do jogo contra a China, pela manhã, eu ainda estava com o joelho muito inchado e sentia fortes dores. Procurei não demonstrar para as outras meninas, mas estava com muito medo de não conseguir jogar. Pedi ajuda aos céus e fui à luta. Perdemos o primeiro set e alguma coisa precisava acontecer, senão perderíamos também o jogo. Eu não conseguia saltar muito e comecei a falar, comandar e aprontar a maior correria na defesa. Cada vez que eu agachava, flexionando os joelhos, soltava um grito de dor. Não parei de falar um minuto sequer e, como não conseguia atacar tanto, me jogava no chão para tentar salvar as bolas e prepará-las para que Leila, Virna e cia. decidissem. Nunca senti tanta força interior em toda a minha vida. Quando o jogo acabou – vencemos por 3 a 1 – meu corpo todo tremia. Fiquei num canto do vestiário, chorando por mais de meia hora. Não era tristeza, nem alegria. Talvez fosse espanto, porque eu tinha certeza de que não tinha jogado sozinha. Eu sentia que tinha tido uma grande ajuda superior.

O que eu previra, antes de viajar, estava se confirmando. Felizmente vencemos todos os outros jogos, só perdendo o penúltimo para a Rússia. No último jogo, contra o Japão, entrei em quadra sabendo que aquela seria minha última partida como jogadora. Estava com tanta vontade de jogar bem, de encerrar com uma vitória, que briguei com os bandeirinhas e até berrei na cara das japonesas quando fazia algum ponto. As outras atacantes estavam exaustas, e já no aquecimento falei para a levantadora Fofão não me poupar como fazia normalmente. Disse para ela que aquele jogo era comigo, pois eu queria me dedicar ao voleibol – minha maior paixão – até a última gota. Ganhamos por 3 a 0, recebemos a medalha de bronze e a classificação para as Olimpíadas de Sydney. Minha missão estava cumprida!

Saímos diretamente do ginásio para comemorar, num restaurante brasileiro, o final da temporada. Já no hotel, contei para a Leila – minha melhor amiga na seleção e com quem eu dividia o quarto – que estava encerrando a carreira e que assim que chegássemos ao Brasil eu anunciaria publicamente a minha decisão. A Leila, em especial, acompanhou meu drama desde o início, principalmente naquela temporada. Mas eu escondi dela e de todos que estava cogitando seriamente em encerrar a carreira naquele ano mesmo. Eu sabia que representava, de uma certa maneira, um porto seguro para elas. Mesmo depois da saída de várias jogadoras do grupo que começou a trabalhar junto ainda em 93, eu continuei firme com a seleção, e elas tinham aquela imagem de que poderiam contar comigo sempre. Minha preocupação em não dividir minhas dúvidas com ninguém do grupo era exatamente para não quebrar essa espécie de segurança. Elas poderiam começar a questionar muitas coisas também e isso poderia atrapalhar o rendimento do time.

No dia seguinte, contei minha decisão ao Bernardo ainda no aeroporto, antes de embarcarmos de volta ao Brasil. Ele entendeu e me apoiou. Eu estava muito emocionada, na verdade foi um momento muito intenso. Sentia grande cumplicidade com o Bernardinho e era grata por todo o apoio que ele sempre me deu. Ao mesmo tempo, sentia alívio por dar adeus a um peso que não conseguia mais carregar. Estava triste por deixar aquela vida de competição – uma rotina dura, de muita entrega, mas também de muitas recompensas. Mas estava também resignada e consciente de que tinha feito o meu máximo, e tudo o que recebi em troca foi muito maior do que eu poderia esperar. Tinha a sensação de que tudo havia sido feito corretamente, até o último jogo.

No dia seguinte à nossa chegada ao Brasil, me reuni com o Sérgio Negrão – técnico do BCN – e com os dirigentes da equipe, para comunicar a minha decisão. Cancelamos o contrato e comunicamos à imprensa numa entrevista coletiva, no dia 30 de novembro de 1999. As pessoas entenderam que eu não desistiria de tudo se ainda tivesse condições de continuar por algum tempo. Da mesma maneira como passaram a acreditar quando eu dizia que jogaria tal campeonato, como aconteceu nas Olimpíadas de Atlanta, também acreditaram quando eu disse que não dava mais.

Em março, a Confederação de Vôlei organizou um evento de despedida para mim em São Caetano, cidade onde joguei durante alguns anos. Foi num intervalo da Superliga – antes do início dos play-off – que eles fizeram um jogo entre as principais jogadoras que disputavam o campeonato, do qual até mesmo as estrangeiras participaram. Era domingo de manhã – o jogo seria transmitido pela Globo – e ninguém reclamou por ter ficado concentrada num hotel desde a tarde de sábado, nem de ter que acordar cedo num suposto dia de folga. Estavam todas bem-humoradas, demos várias risadas e foi tudo muito especial.

Eu treinei uns cinco dias pra não fazer tão feio, já que não pisava numa quadra desde o final de novembro. Elas levaram a sério o jogo e o ginásio estava cheio, inclusive com antigas companheiras e técnicos, além da minha mãe, que veio de Blumenau para acompanhar tudo. Foi uma festa inesquecível, um presente especial. Fiquei emocionada também por ver a força que o voleibol feminino alcançara tanto dentro da quadra – através dos dirigentes, técnicos e jogadoras – quanto também do lado de fora – pelo público, que aprendeu a gostar do que fazemos.

Foi uma pena não conseguir chegar a disputar as Olimpíadas de 2000 – seria a minha quarta competição olímpica – mas cheguei ao limite das minhas condições. Na verdade, acho que ultrapassei esse limite. Por isso, só tenho a agradecer por todas as graças a mim concedidas. Meu amor pela seleção brasileira e pelo esporte será eterno. Mesmo fora das quadras meu caminho dificilmente se afastará de um ou do outro, pois com eles aprendi a viver e a defender os meus valores.

Durante o tempo em que escrevi este livro, fui revivendo tudo o que se passou. Fui avaliando os acontecimentos e, mesmo sem saber que as coisas aconteceriam desse jeito, fui me despedindo da minha vida de atleta. É claro que nada é perfeito – e ainda bem que é assim – mas guardarei sempre boas lembranças. Muitas delas estão registradas aqui e espero que vocês tenham gostado. Mas, podem ter certeza, mais do que qualquer benefício que as palavras aqui contidas possam trazer a alguém, escrevê-las foi para mim como uma libertação. Um encontro comigo mesma e com tudo o que vivi.

Depois disso estou pronta para o que der e vier!

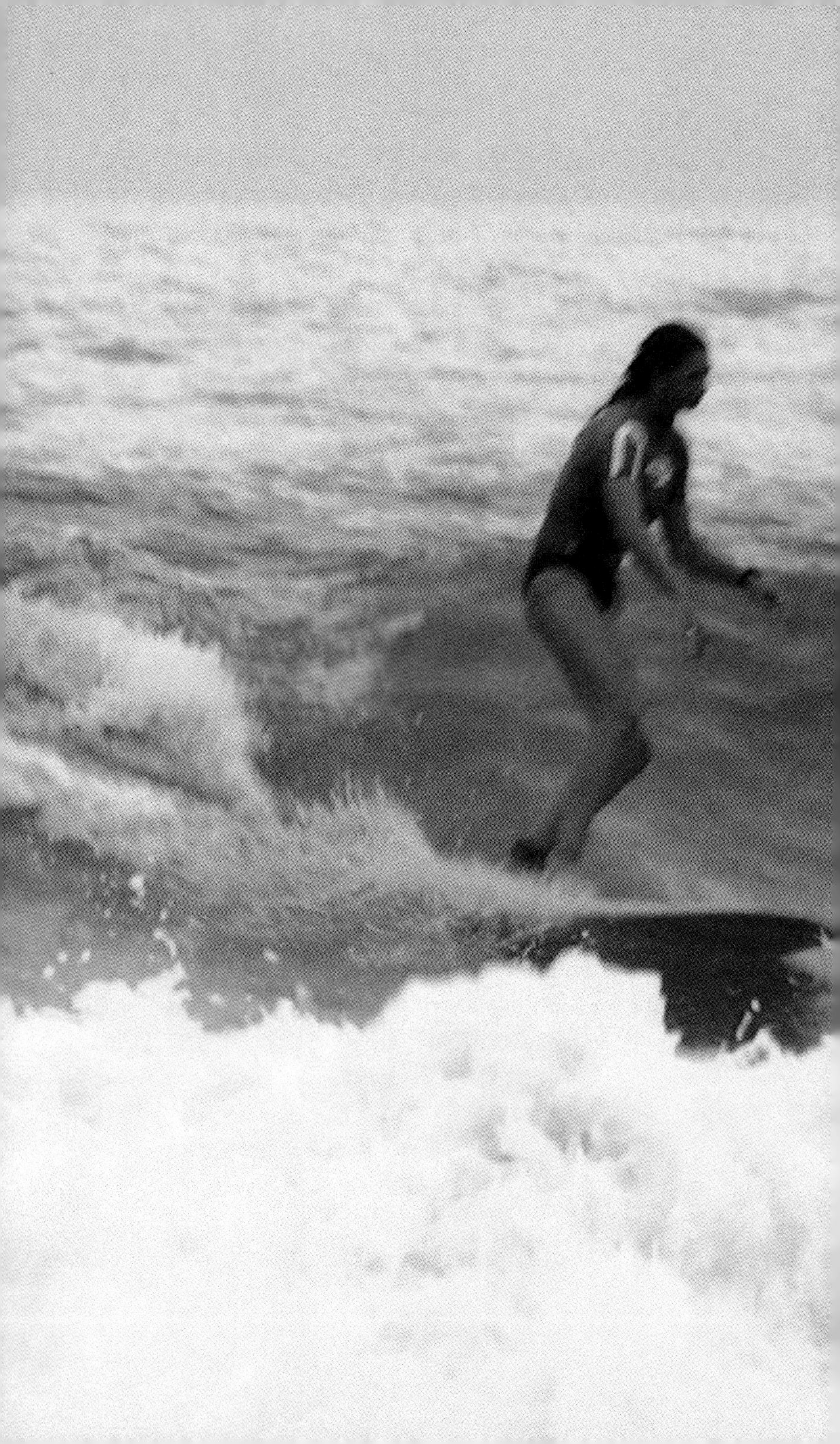

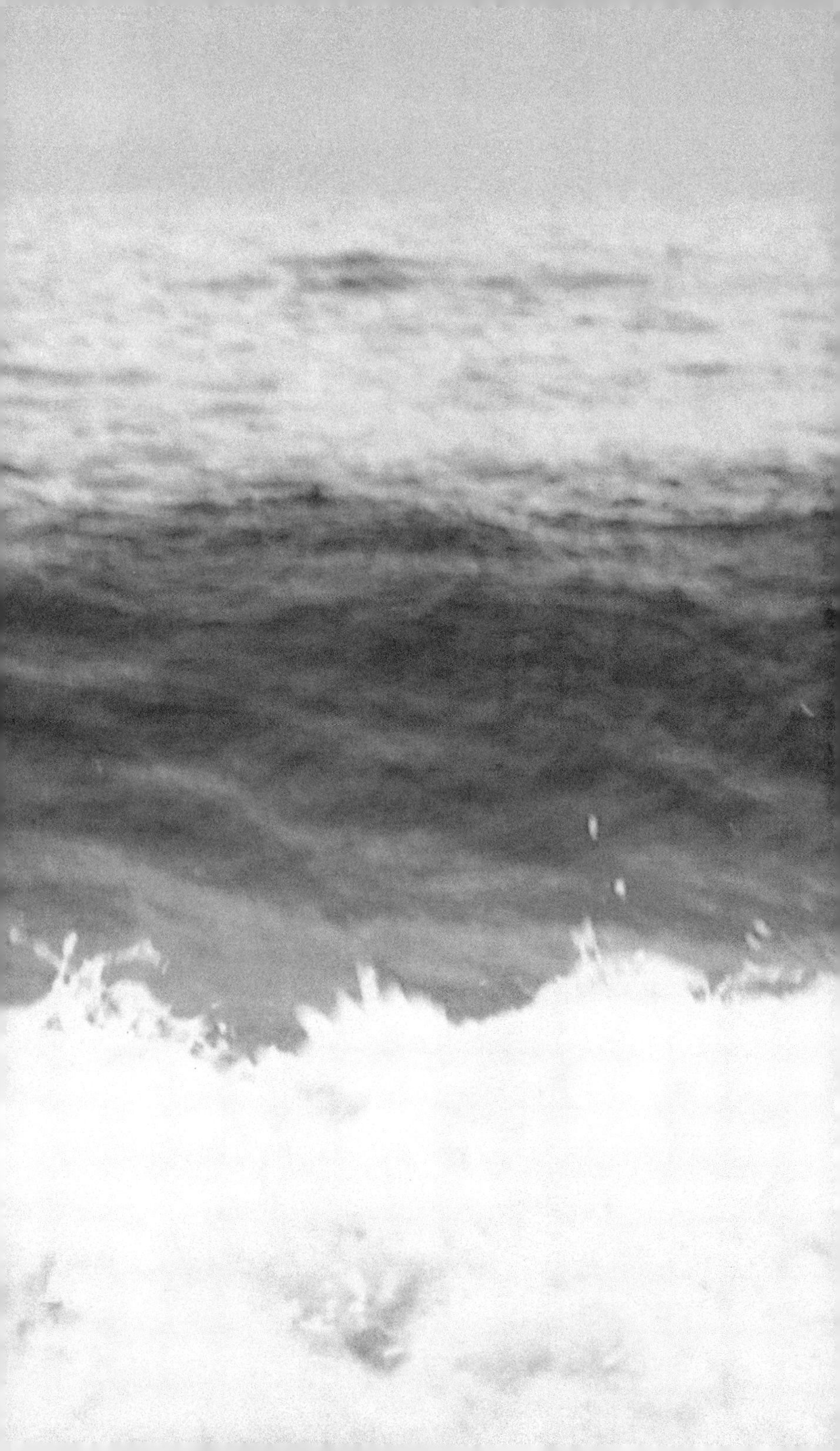

Fotografias

Abril Imagens
p. 8 (Antonio Milena), 28 (Antonio Milena), 87 (Dorival Elze), 100-1 (Antonio Milena), 105 (Egberto Nogueira), 106-7 (Egberto Nogueira).

Acervo Ana Moser
p. 2, 16, 19, 20-4, 32-3, 35, 48-9, 59, 61-4, 83, 90, 116, 122, 132, 137, 140, 147, 162-3.

Acervo André Esquivel
p. 6, 10.

Acervo Luiz Doro
p. 164-5.

Agência Estado
capa (Célio Jr.), p. 71 (Vidal Cavalcante), 144 (Sebastião Moreira), 148 (Raimundo Valentim).

Folha Imagem
p. 43 (Heloisa Ballarini), 53 (Eduardo Knapp), 54-6 (Marcelo Soubhia), 99 (Ormuzd Alves), 110 (Matuiti Mayezo), 150 (Matuiti Mayezo).

Dados Internacionais de Catalogação na Publicação (CIP)
(Câmera Brasileira do Livro, SP, Brasil)

Moser, Ana
Pelas Minhas Mãos / Ana Moser; prefácio Bernardinho
São Paulo: DBA Artes Gráficas, 2003.

ISBN 85-7234-225-7

1. Jogadoras de voleibol – Brasil – Biografia
2. Moser, Ana I. Bernardinho. II. Título.

03-5916   CDD-769.3340608153

Índices para catálogo sistemático:

1. Jogadoras de voleibol: Brasil: Biografia
927.963230981

Impresso no Brasil

DBA Dórea Books and Art
al. Franca, 1185 cj. 31/32
01422-001 São Paulo SP
tel.: (11) 3062 1643 fax: (11) 3088 3361
dba@dbaeditora.com.br
www.dbaeditora.com.br